Modernisierung des öffentlichen Sektors

herausgegeben von / edited by

Band 43

Julia Fleischer
Jana Bertels
Lena Schulze-Gabrechten

Stabilität und Flexibilität

Wie und warum ändern sich Ministerien?

Die Deutsche Nationalbibliothek verzeichnet diese Publikation in der Deutschen Nationalbibliografie; detaillierte bibliografische Daten sind im Internet über http://dnb.d-nb.de abrufbar.

ISBN 978-3-8487-5258-4 (Print)
ISBN 978-3-8452-9435-3 (ePDF)

edition sigma in der Nomos Verlagsgesellschaft

1. Auflage 2018

Inhalt

Verzeichnis der Abbildungen und Tabellen

Zusammenfassung

Dieser Band untersucht die inneren Strukturen der Ministerialverwaltung auf Bundesebene seit 1980. Er stellt die erste Längsschnittstudie über den Wandel der Organisationseinheiten aller Bundesministerien dar. Damit bietet diese Studie erstmalig eine umfassende Darstellung der

- Entwicklung der formalen Strukturen innerhalb und zwischen den obersten Bundesbehörden,
- Vielfalt und Haltbarkeit bestimmter Organisationseinheiten in der Ministerialverwaltung,
- Dynamik bzw. Volatilität dieser Binnenorganisation, d.h. der Häufigkeit und Art des Wandels formaler Strukturen.

Zudem erlaubt diese Analyse der Bundesverwaltung eine genauere Untersuchung der zentralen wissenschaftlichen Erklärungen für den Wandel von Regierungsorganisationen. Zum einen handelt es sich dabei um rationale Entscheidungstheorien, die *(partei-)politische* Erwägungen in den Vordergrund stellen. Zum anderen verweist die Organisationstheorie auf *bürokratische* bzw. *organisatorische* Bedingungen, die den Wandel von Strukturen in Ministerialverwaltungen beeinflussen.

Empirisch basiert die Studie auf einer Vollerfassung aller Organisationseinheiten und deren Veränderungen in den obersten Bundesbehörden von Januar 1980 bis Dezember 2015[1]. Hierfür wurden die Organisationserlasse der Bundeskanzlerin[2] sowie Organisationspläne und weitere Primärdokumente genutzt, die im Rahmen eines internationalen Forschungsprojektes (SOG-PRO)[3] gesammelt und anhand eines gemeinsamen Kodierschemas ausgewertet wurden (Carroll et al. 2017; siehe Kap. 4). Zudem wurden von 2016 bis 2017 insgesamt elf semistrukturierte Experteninterviews mit Beschäftigten der Ministerialverwaltung durchgeführt. Die zentralen Erkenntnisse der Studie lassen sich in **sechs Thesen zum Strukturwandel in der Bundesverwaltung** zusammenfassen.

---

1 Wir bedanken uns ausdrücklich bei Johanna Möller, Camilla Wanckel, Jakob Eckardt, Sascha Kraus und Hans-Christian Hart für die exzellente und immer zuverlässige Unterstützung bei der Datenerhebung und -kodierung.

2 Aus Gründen der Lesbarkeit verwenden wir die weibliche Form, alle anderen Geschlechter sind ebenfalls gemeint.

3 Für Informationen zum Forschungsprojekt: www.sog-pro.eu.

1. Es gibt mehr strukturelle Flexibilität als oftmals angenommen.

Trotz eher seltener Änderungen am Ressortzuschnitt wird die Binnenorganisation von Ministerien regelmäßig verändert. Wandel geschieht dabei nicht ausschließlich als "Nachwehe" von veränderten Ressortzuschnitten, wenngleich die meisten Änderungen nach Bundestagswahlen auftreten. Die Ministerialorganisation ist vielmehr immer "aktiv" und weist einige, oft ressortspezifische, Aktivitätshochs während der Legislaturperioden auf.

2. Die Vielfalt der Organisationseinheiten wächst beständig.

Nur rund zwei Drittel der untersuchten Einheiten zählt zu den klassischen Elementen der hierarchischen Linienorganisation, d.h. zu Abteilungen oder Unterabteilungen. Zieht man von den weiteren Einheiten außerhalb des Grundgerüsts noch jene 2,5% Einheiten ab, die als Leitungseinheiten direkt der Ministerin unterstehen, sind immer noch ca. 25% der Organisationseinheiten temporäre oder permanente Arbeitsgruppen, Projektgruppen, Arbeitsstäbe etc. Der Anteil dieser vermeintlich "unorthodoxen" Organisationseinheiten nimmt im Zeitverlauf deutlich zu und verweist somit auf eine spezifische Form der strukturellen Ausdifferenzierung der Bundesverwaltung.

3. Umbenannt wird immer – insbesondere aber nach Wahlen.

Die häufigste Veränderung an der Organisationsstruktur der Bundesministerien ist der Namenswechsel (ca. 46% aller Veränderungen). Besonders häufig geschehen diese Namensänderungen in den ersten zwölf Monaten nach Bundestagswahlen, ca. 6,5 mal pro Monat. Im restlichen Verlauf der Legislaturperioden werden aber immer noch deutlich mehr Namensänderungen (nämlich ca. 4,6 pro Monat) vorgenommen als andere Arten von Strukturereignissen (ca. 3,5 Abschaffungen, ca. 3,3 Neugründungen und ca. 2,3 Reorganisationen pro Monat). Obschon man Namensänderungen auch als symbolischen Wandel und reines *window dressing* auffassen könnte, sind insbesondere in der bundesdeutschen Regierungsorganisation mit ihrer legalistischen Orientierung die formalen Denominationen von Organisationseinheiten prägend für die Allokation formaler Zuständigkeiten und Kompetenzen aber auch für den Aufbau und die Nutzung fachlicher Expertise.

4. Strukturveränderungen bringen im Zeitverlauf häufiger Gewinne als Verluste von Ressourcen.

Für die Strukturereignisse, die auch tatsächlich Änderungen an formalen Ressourcen nach sich ziehen, lassen sich insgesamt häufiger Ereignisse mit anschließendem Gewinn (ca. 29%) als mit anschließendem Verlust (ca. 25%) beobachten. Da dieser Anteil im Zeitverlauf und insbesondere seit Mitte der 2000er Jahre zunimmt, kann dies als Ausdifferenzierung der Ministerialverwaltung aufgefasst werden. Anstatt neue Bundesministerien zu gründen, werden die strukturellen Anpassungen rein binnenorganisatorisch vorgenommen.

5. Die klassischen Portfolios sind stabiler.

Die Veränderungsrate – der Anteil jener Einheiten an allen Organisationseinheiten, denen eine Veränderung widerfährt – divergiert zwischen den Portfolios. Jene Bundesministerien in "klassischen" Portfolios (Auswärtiges Amt, Finanzen, Inneres, Justiz und Verteidigung) sind stabiler und weisen geringere Veränderungsraten auf als andere Bundesministerien. Dies kann einerseits als strategische Ressource in der interministeriellen Koordination eingesetzt werden, denn stabile Strukturen schaffen stabile Ressourcen und einen stabilen Fortbestand fachlicher Kompetenzen und Wissensbeständen. Andererseits wird damit aber auch eine geringere Flexibilität in der Binnenorganisation dieser Bundesministerien beschrieben, die sich insbesondere bei der "strukturellen Besetzung" neuer Problemfelder als Hemmnis erweisen kann.

6. Die Bundesverwaltung ist kein Sonderfall.

Die Dynamiken der deutschen Ministerialorganisation sind kein Sonderfall im Vergleich zu weiteren europäischen Regierungsorganisationen, wie Frankreich, den Niederlanden und Großbritannien. Stattdessen sind ähnliche strukturelle Dynamiken in allen vier Ländern beobachtbar, insbesondere mit Blick auf verstärkte Veränderungen nach Wahlen, der Verteilung der Strukturereignisse mit und ohne Ressourcenimplikation im Zeitverlauf und zwischen den Portfolios sowie der Relevanz sektoraler Dynamiken. Weiterführende Ergebnisse finden Sie in Publikationen des Projekts (siehe www.sog-pro.eu).

1. Einleitung

Vor jeder Bundestagswahl häufen sich die Rufe nach der Gründung eines neuen Bundesministeriums oder mindestens der Umressortierung einzelner Zuständigkeiten. Im Herbst 2017 standen insbesondere die Themen "Integration" und "Digitalisierung" im Mittelpunkt solcher Debatten – und fanden auch direkte Erwähnung in den Fernsehauftritten der Spitzenpolitikerinnen am Wahlabend.[4] Ebenso werden in Koalitionsverhandlungen regelmäßig Veränderungen der formalen Zuständigkeiten der Bundesministerien diskutiert. So forderte Edmund Stoiber für das geplante "Superministerium für Wirtschaft und Technologie" nach der Bundestagswahl 2005 gleich mehrere Abteilungen und Unterabteilungen aus diversen Bundesministerien (Kempf 2014: 12). Ebenso wurde in den Koalitionsverhandlungen nach der Bundestagswahl 2017 der Ausbau des Bundesinnenministeriums über die Verlagerung von Abteilungen aus diversen Ministerien entschieden.

Dennoch werden kaum radikale Änderungen am Ressortzuschnitt auf Bundesebene vorgenommen (Derlien 1996). Genauso selten sind Transfers ganzer Abteilungen oder Unterabteilungen – und wenn, dann gelten sie als Ausnahmen einer scheinbar unverrückbaren Regel (etwa in 2013 der Wechsel der Abteilungen für Bauen und Wohnen ins Umweltministerium oder der Abteilung für Verbraucherschutz ins Justizministerium).

Diese allgemeine Wahrnehmung von Stabilität der Bundesministerien bildet allerdings nur einen Teil der empirischen Wirklichkeit ab. Auch auf den unteren Ebenen der Bundesministerien vollziehen sich regelmäßig Strukturveränderungen – und sind nicht nur Nachwehen von den eher geringfügigen Anpassungen im Ressortzuschnitt. Bislang gab es keine systematische empirische Untersuchung dieser internen Organisation der Bundesministerien, wenngleich einzelne Einheiten durchaus wissenschaftliche Aufmerksamkeit erhielten (Fleischer 2012; Hustedt 2013).[5] Diese Lücke in der empirischen Forschung ist umso bemerkenswerter, als dass Stabilität und Wandel der formalen Binnenorganisation der Bundesministerien bedeutende Effekte zeitigen.

---

4 Christian Lindner (FDP) forderte bei der "Berliner Runde" ein Digitalministerium, Cem Özdemir (B90/Grüne) forderte bei "Anne Will" ein Integrationsministerium.

5 Hinzu kommt eine größere Anzahl an Forschungsarbeiten zum nachgeordneten Bereich auf Bundesebene (Bach et al. 2010; Döhler 2012; Bach 2014).

Warum ist die (Veränderung der) Struktur von Bundesministerien relevant?

Die Ministerialverwaltung auf Bundesebene folgt dem Bürokratieideal von Max Weber (1922) und dementsprechend bilden ihre formalen Organisationseinheiten **formalisierte Autorität** *und* **bürokratische Expertise** ab. Zum einen begrenzen Organisationseinheiten formale Zuständigkeiten für Politikbereiche und sind zentrale Akteure in der arbeitsteiligen Formulierung von Regierungspolitiken. Zum anderen stellen Organisationseinheiten bürokratische Kompetenzen bereit, nicht nur mit Blick auf verfügbare Personalressourcen, sondern auch durch ihre jeweilige Beständigkeit und die damit einhergehende kontinuierliche Sammlung und Bereitstellung von Expertise im jeweiligen Fachgebiet.

Eine Änderung dieser formalen Organisationsstrukturen ist somit mindestens zweierlei: Die Anpassung bzw. Neujustierung bisheriger Zuständigkeiten *und* die Neuausrichtung bürokratischer Kompetenzen. Mit anderen Worten: Wenn z.B. eine Unterabteilung zu einer Abteilung formiert wird, dann hat dies nicht nur zwangslogische Konsequenzen für die Ressourcen und Expertise in dem verantworteten Bereich, sondern auch für die thematischen Einflussmöglichkeiten in der Formulierung der Hausmeinung bzw. Ressortpolitik aber auch in der interministeriellen Koordination zur Gestaltung von Regierungspolitiken.

Zudem signalisieren formale Strukturen der Ministerialverwaltung die **Bedeutung und Relevanz der Themen** für die jeweilige politische Führung, und dies innerhalb und zwischen den Geschäftsbereichen: Neue politische Prioritäten verlangen nahezu eine Neuausrichtung der formalen Autorität und der fachlichen Kompetenzen bestehender Organisationseinheiten. Um diese neue Richtung in Regierungspolitiken zu signalisieren, werden die entsprechenden Einheiten häufig mindestens umbenannt. Dabei wird den thematischen Prioritäten Vorrang eingeräumt. Es macht in der Regierungspraxis einen entscheidenden Unterschied, ob es sich beispielsweise um ein "Ministerium für Wirtschaft und Arbeit" oder aber um ein "Ministerium für Arbeit und Wirtschaft" handelt.[6] Gleichzeitig sind diese "strukturellen Signale" wichtig für die Koordination innerhalb der Ministerialverwaltung, schließlich werden Zuständigkeiten primär über entsprechende Denominationen zugeschrieben und insbesondere in der interministeriellen, aber auch in der europäischen und internationalen Zusammenarbeit sind die jeweiligen Namen der Organisationseinheiten maßgebliche Signale zur Identifikation der korrekten (im Sinne von formal und fachlich zuständigen) Ansprechpartnerinnen. Ebenso sind diese Veränderungen der

6 Bereits Konrad Adenauer bemerkte in seiner Regierungserklärung in 1957: "Auf organisatorischem Gebiete möchte ich noch besonders darauf hinweisen, daß das Arbeitsministerium einen anderen Namen: "Ministerium für Arbeit und Sozialordnung" und damit eine erhebliche Erweiterung seines Aufgabenbereichs erhalten hat." (zitiert in Stüwe 2003: 69).

Einheiten aber auch Signale an externe Akteure wie organisierte Interessen, Nichtregierungsorganisationen oder privatwirtschaftliche Akteure. Und dabei geht es wieder nicht nur um formale Zuständigkeiten, sondern auch um Prioritäten bzw. Politikziele: Nach der BSE-Krise in 2001 wurde bewusst das damalige Landwirtschaftsministerium umbenannt in Bundesministerium für Verbraucherschutz, Ernährung und Landwirtschaft – zur Signalisierung der Priorität der "Agrarwende" und der Relevanz des Verbraucherschutzes in der Agrarpolitik.

Schließlich haben vor allem Organisationsveränderungen direkte und indirekte **Effekte auf Entscheidungsprozesse** in Organisationen. Zum einen werden durch eine Strukturveränderung zwangsläufig die formalen Entscheidungsprozesse angepasst, dazu gehören auch die Instrumente der interministeriellen Koordination auf Bundesebene (Federführung und Mitzeichnung). Neu ausgerichtete formale Zuständigkeiten können daher die Einflussnahme von Einheiten verändern bzw. deren formale Beteiligungsrechte im Sinne einer Federführung oder Mitzeichnung erweitern oder beschränken.

Dies gilt aber auch auf Ebene der individuellen **Beschäftigten**: Die Umwandlung von Organisationseinheiten und damit einhergehende Veränderungen formaler Kompetenzen und Ressourcen hat Auswirkungen auf die Beschäftigtenpyramide und schafft somit neue Chancen, aber auch neue Risiken für Karrieremuster und Beförderungen durch Aufstieg. Ein Zusammenschluss von Organisationseinheiten verringert die Anzahl höherer Laufbahnpositionen, die Aufspaltung einer bestehenden Einheit in mehrere neue Einheiten wiederum schafft neue Positionen.

Im Vergleich zur Bundesebene gibt es in den Bundesländern häufiger radikalere Veränderungen im Ressortzuschnitt, nicht zuletzt aufgrund der geringeren Anzahl von Landesministerien und der umfangreicheren Geschäftsbereiche (vgl. Linhart/Windwehr 2012; Götz et al. 2015). Dennoch sind die Erkenntnisse der vorliegenden Studie zur Dynamik des Strukturwandels der Bundesministerien auch für **Landesebene und Kommunalebene** von Bedeutung. Die Untersuchung zeigt, wie sich die formalen Strukturen bürokratischer Organisationen ändern bzw. wie Verwaltungen ihrer politischen Umwelt "strukturell" begegnen – und nicht zuletzt, wie sich solche Dynamiken von Stabilität und Flexibilität erklären lassen.

Vor diesem Hintergrund ist das zentrale Anliegen dieses Bandes, Gemeinsamkeiten in der formalen Organisation der obersten Bundesbehörden deutlich zu machen, aber gleichzeitig die beachtlichen Unterschiede und Dynamiken – sowohl in einzelnen Bundesministerien als auch im Zeitvergleich – darzustellen. Daneben werden Einblicke in die wissenschaftliche Debatte zum Wandel von Regierungsorganisationen gegeben, um diese Muster von Stabilität und Flexibilität der Bundesverwaltung einzuordnen.

Inhaltsübersicht

Im folgenden Kapitel werden zunächst die zentralen politik- und verwaltungswissenschaftlichen Erklärungsperspektiven für Strukturveränderungen in Ministerialverwaltungen erläutert (Kapitel 2). Dabei handelt es sich um Theorien, die *(partei-)politische* Dynamiken für Veränderungen in Regierungsorganisationen hervorheben sowie um Erklärungsperspektiven der Organisationstheorie, die sich mit *bürokratischen* bzw. *organisatorischen* Dynamiken befassen, um Wandel in Ministerialverwaltungen zu begründen. Daran anschließend wird in Kapitel 3 der Kontext formaler Organisationsveränderungen in obersten Bundesbehörden dargestellt. Kapitel 4 beschreibt das methodische Vorgehen der Untersuchung. Danach werden in Kapitel 5 die zentralen Untersuchungsergebnisse der Studie vorgestellt, zunächst mit Blick auf die Organisationseinheiten selbst, d.h. deren Anzahl, Typen und Veränderungsraten. Kapitel 6 befasst sich mit der Relevanz der Geschäftsbereiche für die Art und Weise bzw. Intensität des Strukturwandels im Zeitverlauf. Der Band schließt mit einer Betrachtung der Ergebnisse im Lichte der theoretischen Perspektiven sowie Schlussfolgerungen für die Praxis (Kapitel 7).

2. Theoretische Erklärungen für die formale Regierungsorganisation

Ministerialverwaltungen sind bürokratische Organisationen in einem politischen Umfeld (Weber 1922; Olsen/March 1995) und daher politischen *und* bürokratischen Einflüssen unterworfen. Gleichzeitig kommt Ministerialverwaltungen eine entscheidende Rolle im politischen Prozess zu: Sie sind für die exekutive Vorbereitung und Abstimmung von Regierungspolitiken verantwortlich. Dabei ist für die politische Leitung die bürokratische Fachkompetenz relevant, da diese für die Aushandlung und Koordination der Formulierung von Gesetzesvorlagen mit internen und externen Akteuren eingesetzt wird.

Als Konsequenz haben sich bereits frühe verwaltungswissenschaftliche Beiträge mit Fragen der formalen Organisation und deren Effekte auf politische und bürokratische Entscheidungen befasst (Gulick 1937; Simon 1946; Waldo 1948). Die umgekehrte Frage nach den Ursachen für Veränderungen dieser formalen Strukturen des Regierens wurde hingegen erst später eingehender betrachtet. Grob zusammengefasst lassen sich zwei zentrale politik- und verwaltungswissenschaftliche Erklärungsperspektiven für Strukturveränderungen in Ministerialverwaltungen unterscheiden. Einerseits heben theoretische Perspektiven *(partei-)politischen* Dynamiken hervor, um die Veränderungen in Regierungsorganisationen zu begründen. Andererseits bietet die Organisationstheorie verschiedene Erklärungsperspektiven, die die zentralen Charakteristika von Ministerialverwaltungen als *bürokratische* Organisationen betonen, um deren Stabilität und Wandel zu erklären. In den folgenden beiden Teilkapiteln werden diese Perspektiven näher vorgestellt.

2.1 Strukturveränderungen als Ausdruck (partei-)politischer Interessen

Eine der zentralen politikwissenschaftlichen Erklärungen für die Veränderung von formalen Strukturen in Regierungsorganisationen wurde im Kontext des präsidentiellen Systems der USA entworfen. Mit Blick auf die spezifischen Bedingungen für US-Präsidenten, zusammen bzw. gegen den Kongress den exekutiven Apparat strukturell zu gestalten, argumentiert Terry Moe (1989; 2012), dass strukturelle Entscheidungen immer auch eine strategische Wahl politischer Akteure darstellen. Diese strategische Wahl soll einerseits die bestmöglichen strukturellen Voraussetzungen zur Durchsetzung der eigenen politischen Agenda schaffen. Aber, und das ist in parlamentarischen Systemen sicherlich nicht zwingend von ebenso starker Bedeutung, solche strukturellen Entscheidungen sollen auch die politischen Amtsnachfolger strukturell beschränken, denn einmal gegründete Behörden sind nur schwer wieder abzuschaffen (Lewis 2002; 2003). Die grundsätzliche Logik für strukturellen Wandel ist somit eng mit der "Unsicherheit über die Zukunft" verknüpft: Präsidenten wissen nicht, ob und wenn ja welche politischen Interessen ihre Nachfolger verfolgen werden, also gestalten sie den exekutiven Apparat, um ihre eigenen Interessen durchsetzen und die Unsicherheit über die Zukunft der Behörden und der mit ihnen verknüpften politischen Programme zu reduzieren.

In einem parlamentarischen System wie der Bundesrepublik lassen sich ähnliche Motive annehmen: Politische Akteure verändern den strukturellen Aufbau der Ministerialverwaltung, um Kompetenzen auszurichten und Ressourcen einzusetzen, aber auch um politische Prioritäten zu signalisieren. Dennoch geschieht dies viel stärker aus einer Logik der "Unsicherheit über die Gegenwart": Das starke Ressortprinzip gibt Ministerinnen viel Spielraum, ihr jeweiliges Ressort nach den eigenen Vorstellungen umzubauen. Ebenso lassen sich mithilfe der regierungstragenden Mehrheit im Bundestag jedwede Änderungen am exekutiven Apparat durchsetzen, etwa in der Umgestaltung nachgeordneter Behörden. Und schließlich sind im bundesdeutschen Föderalismus die Bundesministerien hauptsächlich für die Formulierung der Regierungsvorlagen zuständig und nur in wenigen Bereichen mit Vollzugsaufgaben betraut. Dementsprechend ist das "strukturelle Schicksal" der obersten Bundesbehörden (aber auch der Bundesoberbehörden) nicht so eng mit der Formulierung und v.a. Durchführung bestimmter politischer Programme verknüpft wie im präsidentiellen US-System. Und daher geht es auch eher um die Unsicherheit der Gegenwart und Durchsetzung aktueller Prioritäten als die Eingrenzung der Handlungsalternativen für Amtsinhaberinnen der Zukunft.

In der verwaltungswissenschaftlichen Debatte zu Verwaltungsreformen wird die Bedeutung parteipolitischer Interessen häufig eher indirekt diskutiert. Als Ausgangspunkt der vergleichsweise umfassenden Reformen des öffentlichen Sektors der 1980er Jahre, etwa *Reaganomics* in den USA oder *Thatcherism* in Großbritannien (Savoie 1994; Lane 2009), gelten die Amtsübernahmen konservativer Regierungen. Angetreten mit dem Ziel der Reduktion von Staatsausgaben und des öffentlichen Sektors wurden in den 1980er Jahren in vielen westlichen Demokratien weitreichende Reformprogramme zur Privatisierung und Deregulierung, aber auch zur Gründung bzw. Autonomisierung nachgeordneter Behörden durchgeführt (vgl. Bach et al. 2010). In den jüngeren Verwaltungsreformtrends scheinen parteipolitische bzw. ideologische Haltungen zu Staatsaufgaben und Staatsausgaben eine geringere oder gar umgekehrte Bedeutung einzunehmen: Insbesondere nach Ausbruch der Wirtschafts- und Finanzkrise in 2008 haben einige linksgerichtete Regierungsparteien in Europa weitreichende Verwaltungsreformen durchgeführt.

Ebenso mit Blick auf parteipolitische Prioritäten stellen weitere Studien fest, dass (partei-)politische Themenkonjunkturen die Struktur von Ministerialverwaltungen beeinflussen. Unter Anwendung der "**Agendatheorie**" wird dabei argumentiert, dass das Aufmerksamkeitsraster der politischen Akteure (Ministerinnen, Bundestagsabgeordnete etc.) für politische Themen durch die eigenen Ressourcen und Kapazitäten begrenzt wird (Baumgartner/Jones 2005). Daraus folgt, dass Themen um die Aufmerksamkeit politischer Akteure konkurrieren. Die Dynamiken von Parlamentsdebatten oder aber auch Regierungserklärungen im Zeitverlauf zeigen welchen Themen in Parlament und Regierung besondere Priorität eingeräumt wird. In empirischen Studien wurde nachgewiesen, dass eine abnehmende Aufmerksamkeit für bestimmte Themen mit einem Abbau von Ressourcen in der Ministerialverwaltung mit Kompetenzen für diese Themen einhergeht – bis hin zur Abschaffung von Ministerien (siehe das Beispiel des dänischen Ministeriums für Wohnungsbau: Mortensen/Green-Pedersen 2016). Umgekehrt wird als Folge komplexer werdender Probleme, für die Regierungen und Verwaltungen Informationskompetenz aufbauen müssen, eine Verbreiterung ("broadening") oder Verdichtung ("thickening") der Aufgaben von Regierungsbehörden konstatiert, die für diese Themen verantwortlich sind (Baumgartner/Jones 2015: 140). Im Sinne der *Agendatheorie* verbreitert bzw. verdichtet sich also das Aufmerksamkeitsraster der Ministerialverwaltung insgesamt. Für den US-amerikanischen Fall tragen die Autoren Evidenz zusammen, wonach die Ausdifferenzierung von Regierungsfunktionen eher mit der Übernahme neuer und zusätzlicher Aufgaben, also einer Verbreiterung, einhergeht (ebd.: 153).

In der vorliegenden Studie werden diese parteipolitischen Argumente überprüft. Allerdings muss einschränkend darauf hingewiesen werden, dass der Untersuchungszeitraum von einer langen Regierungsphase der schwarz-gelben Koalition unter Helmut Kohl (1982 bis 1998) sowie anschließend wechselnden Regierungsbündnissen geprägt ist (1998 bis 2005: rot-grüne Bundesregierung unter Gerhard Schröder, seit 2005 verschiedene Regierungskoalitionen, inklusive zweier Großer Koalitionen unter Angela Merkel). Somit fand nur in 1998 ein vollständiger Wechsel aller Regierungsparteien statt – und alle anderen parteipolitischen Regierungswechsel fielen weniger radikal aus.

2.2 Strukturveränderungen aus organisationstheoretischer Sicht

Aus organisationstheoretischer Sicht sind Ministerialverwaltungen bürokratische Organisationen, deren Funktionalität und Fortbestand nicht nur von dem Willen der jeweiligen politischen Leitung abhängt, sondern auch von der Akzeptanz und Legitimation, die sie aus ihrer jeweiligen organisationalen Umwelt erhalten. Aus dieser Relevanz der "Existenzberechtigung" von Ministerialverwaltungen ergeben sich verschiedene Argumentationsmuster, um die Stabilität und den Wandel von Regierungsorganisationen zu erklären.

Erstens verweisen organisationstheoretische Perspektiven auf die jeweilige organisationale Umwelt, d.h. auf die **Bedeutung von Politikfeldern** und jenen Themen, für die die einzelnen Organisationseinheiten der Ministerialverwaltung zuständig sind. Demnach werden strukturelle Anpassungen vorgenommen, um der eigenen Abschaffung oder ungewollten Veränderungen vorzubeugen, die auf Impulse aus dem jeweiligen Politikfeld zurückzuführen sind. Diese **kontingenztheoretische Sichtweise** trägt den externen Dynamiken Rechnung, denen bürokratische Organisationen ausgesetzt sind. Zu solchen Dynamiken zählen emergente Verschiebungen, aber auch Skandale oder kriseninduzierte Veränderungen innerhalb von Politikfeldern. Daneben spielen auch Veränderungen zwischen Politikfeldern eine Rolle, insbesondere die Genese neuer Politikfelder, wie etwa der Netz- und Digitalpolitik, die auch Impulse auf jene bürokratischen Organisationen ausüben können, die für bereits existierende Politikfelder zuständig sind.

Zweitens und eng damit verknüpft argumentieren Vertreterinnen der Organisationstheorie, dass Entscheidungen für Strukturveränderungen auch **symbolischen Aktionismus** ausdrücken können. Dabei wird den Anforderungen der organisationalen Umwelt (meist in Form externen Drucks) mit symbolischen Veränderungen begegnet. Als *window dressing* wird die neue formale Struktur entschieden, aber kaum etwas an bestehenden formalen Prozessen oder informellen Routinen verändert (Brunsson 1989). Zumeist gehen diese symbolischen Veränderungen mit einer starken und nach außen gerichteten Kommunikation über eben jene Strukturentscheidungen einher. Mit anderen Worten: Es wird sehr viel über die neue Struktur geredet, auch mit deutlichen Hinweisen dazu, dass es sich um "etwas Neues" handelt, aber die eigentlichen Veränderungen sind bei genauerer Betrachtung nicht zwingend so radikal wie kommuniziert – und die tatsächlichen Konsequenzen für die Arbeitsprozesse nahezu marginal. Bislang hat die verwaltungswissenschaftliche Forschung diese Argumente zumeist auf Verwaltungsreformprogramme angewendet. Es ließe sich aber ebenso für Strukturveränderungen in der Ministerialverwaltung argumentieren, die nicht direkt mit einer "Organisationsreform" verbunden sind. Auch hier tritt symbolischer Wandel auf, bei dem beispielsweise einzig die Namen von Organisationseinheiten angepasst werden, aber keinerlei funktionale Änderungen vorgenommen werden. Eine solche Anpassung erfolgt dann aufgrund neuer Erwartungshaltungen anderer Akteure innerhalb der Regierungsorganisation oder insbesondere anderer externer Akteure wie Interessengruppen, Nichtregierungsorganisationen oder aber den Medien. Zugleich mögen solche symbolischen Veränderungen auch Ausdruck der Anpassungen an "sprachliche Erwartungshaltungen" im Sinne neuer sprachlicher Umgangsformen sein.

Drittens wird in der **Theorie der Pfadabhängigkeit** argumentiert, *dass* Organisationen im gleichen organisationalen Feld häufig einmal getroffene strukturelle Entscheidungen adaptieren, wenn sie sich als funktional adäquat und angemessen erwiesen haben. Mit anderen Worten: Organisationsstrukturen folgen einmal eingeschlagenen Pfaden und konvergieren mit Blick auf die entsprechenden strukturellen Lösungen. Allerdings gibt es Ausnahmen von dieser Beständigkeit: Wenn Organisationen externe Schocks erleben, mithin ihre organisationale Umwelt droht ihnen die Legitimation zu entziehen, öffnen sich Opportunitätsfenster, um die hergebrachten Strukturen zu verändern. Solche externen Schocks sind zumeist Krisen oder Skandale und können somit ihren Ursprung in der Umwelt, aber auch dem Inneren der Behörde haben. Für den deutschen Fall kann die Wiedervereinigung als ein externer Schock gelten, im internationalen Vergleich sind Ereignisse wie die Katastrophen von Tschernobyl oder Fukushima, aber auch die BSE-Krise als solche Momente für Opportunitätsfenster zum Verlassen der "strukturellen Pfade" zu beobachten.

Viertens erklärt die Erklärungsperspektive des **institutionellen Isomorphismus**, *wie* Organisationen im gleichen organisationalen Feld sich einander immer ähnlicher werden (DiMaggio/Powell 1983). Dabei werden drei idealtypische Mechanismen unterschieden:

(1) *Zwanghafter Isomorphismus* lässt sich auf formale Regeln und Anforderungen zurückführen, d.h. Organisationen werden sich ähnlicher, weil sie die gleichen externen Anforderungen erfüllen müssen. Im Kontext der Aufbauorganisation der Bundesministerien ließe sich eine solche Dynamik etwa bei der Einrichtung von Einheiten für Gleichstellungsaufgaben oder Vorprüfungsstellen festmachen.
(2) *Normativer Isomorphismus* wird von einflussreichen Advokaten initiiert, die sich für einen bestimmten Organisationswandel einsetzen und aufgrund ihrer Expertise und Stellung im organisationalen Feld als Autorität wahrgenommen werden. In der bundesdeutschen Ministerialverwaltung gibt es keine zentrale Entscheidungsinstanz mit Autorität bezüglich formaler Organisationsstrukturen. Vielmehr ist die Binnenorganisation der Bundesministerien Gegenstand und Ausdruck der Ministerverantwortlichkeit und des im Grundgesetz verankerten Ressortprinzips. Dafür sind innerhalb der Ressorts die jeweiligen Zentralabteilungen von entscheidender Bedeutung für die Ausgestaltung der Aufbau- und Ablauforganisation und können als Promotoren für bestimmte Organisationslösungen auftreten.
(3) *Mimetischer Isomorphismus* bezeichnet die freiwillige Nachahmung bestimmter Organisationen, weil selbige im organisationalen Feld als beson-

ders erfolgreich gelten. Diese Tendenzen lassen sich für die formalen Organisationsveränderungen in der Bundesverwaltung vielerorts beobachten: Hat sich eine bestimmte Strukturlösung als besonders gewinnbringend herausgestellt, wird sie zumeist auch von anderen Häusern übernommen. Als ein sehr prägnantes Beispiel kann die zunehmende Ausweitung und sehr ähnliche funktionale Ausrichtung der Leitungsbereiche gelten.

Schließlich argumentiert die **Theorie des bureau-shaping** (Dunleavy 1989), dass bürokratische Akteure auch ihre eigenen Interessen verfolgen und somit zu Stabilität und Wandel der Ministerialverwaltung beitragen. Demnach handeln bürokratische Akteure rational und verfolgen das Interesse an einer Maximierung ihrer Ressourcen und Einflussmöglichkeiten. Anders ausgedrückt sind Beschäftigte des öffentlichen Dienstes bestrebt, das Budget der eigenen Organisationseinheit zu maximieren und suchen daher fortwährend nach neuen Aufgaben und somit neuen Ressourcen. Letztlich streben sie demzufolge nach struktureller Ausdehnung.

3. Der Kontext formaler Strukturen der Bundesverwaltung

Im folgenden Kapitel wird der institutionelle Kontext formaler Organisationsveränderungen in den obersten Bundesbehörden kurz erläutert. Dazu zählen verfassungsimmanente Regierungsprinzipien, die Organisationerlasse der Bundeskanzlerin, die Gemeinsame Geschäftsordnung der Bundesministerien (GGO) und haushälterische Restriktionen, welche in unterschiedlicher Weise Vorgaben für die Binnenorganisation von Bundesministerien bereithalten.

Zunächst verweisen die in Artikel 65 des Grundgesetzes beschriebenen Regierungsprinzipien indirekt auch auf die formale Organisation der Bundesverwaltung. Die Trias aus Kanzler-, Ressort- und Kabinettsprinzip bildet nicht nur die Grundlage für das Handeln der Bundesregierung, aus ihr lassen sich zugleich auch die Grundsätze für die strukturelle Ausgestaltung der Regierungsorganisation ableiten. Von diesen drei Prinzipien, die einem verfassungsimmanenten Spannungsverhältnis unterliegen und auf eine wechselseitige Ausbalancierung angelegt sind (Böckenförde 1964), sind vor allem das Ressortprinzip und die Richtlinienkompetenz der Kanzlerin für die Binnenorganisation der Ministerialverwaltung von Bedeutung. Das Kabinettsprinzip hingegen entfaltet für die ressortinternen Strukturveränderungen eine vergleichsweise geringere Wirkung.

3.1 Ressortprinzip

Das Ressortprinzip stellt im Kontext formaler Organisationveränderungen von Bundesministerien das bedeutendste Prinzip der Regierungsführung dar. Prinzipiell besagt es, dass jede Fachministerin den Geschäftsbereich ihres Ressorts eigenständig führt, ohne dass die Bundeskanzlerin oder andere Bundesministerinnen mittels eines direkten Weisungsrechts in die Ministerien "hineinregieren" können (Rudzio 2014). Die Dominanz des Ressortprinzips schlägt sich auch in der Prärogative der Ministerinnen im Hinblick auf das binnenorganisatorische Design des jeweiligen Ministeriums nieder (Böckenförde 1964: 147). Die Bedeutung der Ressorthoheit in organisationalen Fragen manifestiert sich auch in der dezentralen Anordnung dieser Kompetenzen. Anders als in anderen europäischen Staaten sind Organisationsfragen nicht in Querschnittsressorts oder der Regierungszentrale angesiedelt, sondern ausschließlich dezentral organisiert (Mayntz/Scharpf 1975: 64; Olivet 1979: 39). Jedes Bundesministerium verfügt über eine eigene Zentralabteilung, welche als wichtiger intraministerieller Akteur die Ausgestaltung und Änderungen der Aufbauorganisation prägt. Zentralabteilungen üben Querschnittsfunktionen aus, die für alle ressortinternen Einheiten und deren organisationale Ausgestaltung von Bedeutung sind (König 2015: 235, 279).

3.2 Organisationerlasse der Bundeskanzlerin

In der Trias der Regierungsprinzipien schreibt das Kanzlerprinzip der Bundeskanzlerin die Richtlinienkompetenz im Rahmen der Entscheidungen der Bundesregierung zu (Bogumil/Jann 2009: 89). Veränderungen im Zuschnitt der Bundesministerien liegen grundsätzlich im Kernbereich der Richtlinienkompetenz der Bundeskanzlerin, da ihr die formale Kompetenz zur "Neustrukturierung der Regierungsorganisation" zugeschrieben wird (Derlien 1996: 548). Solche ressortübergreifenden Strukturveränderungen werden in den Organisationerlassen der Bundeskanzlerin (BKOrgErl) festgelegt. Veröffentlicht werden die Organisationerlasse der Bundeskanzlerin immer dann, wenn die Anordnung der Kanzlerin Implikationen für die Binnenorganisation von Bundesministerien hat (Lehnguth/Vogelsang 1988: 533). Im Untersuchungszeitraum der vorliegenden Studie wurden rund 25 BKOrgErl erlassen.

Meist traten diese Organisationserlasse zu Beginn der Legislaturperiode in Kraft, wenngleich auch einige interministerielle Veränderungen im späteren Verlauf der Amtszeit der jeweiligen Bundeskanzlerin veranlasst wurden. Als prominentes Beispiel ist hierbei die Neugründung des Bundesministeriums für Umwelt, Naturschutz und Reaktorsicherheit als Reaktion auf die Reaktorkatastrophe von Tschernobyl im Juni 1986 zu nennen, die einen Zuständigkeitsverlust im Bundesinnenministerium, im Bundesministerium für Ernährung, Landwirtschaft und Forsten und im Bundesministerium für Jugend, Familie und Gesundheit nach sich zog (BKOrgErl 1986). Ein weiteres Beispiel für eine übergreifende Reorganisation im Regierungsapparat während einer Legislaturperiode war die Erweiterung des Bundesministeriums für Ernährung, Landwirtschaft und Forsten hin zum Bundesministerium für Verbraucherschutz, Ernährung und Landwirtschaft in 2001. Diese Anordnung stellte eine Reaktion auf den BSE-Skandal dar und betraf auch Organisationeinheiten im Bundesministerium für Gesundheit und im damaligen Bundesministerium für Wirtschaft und Technologie (BKOrgErl 2001).

3.3 Die Gemeinsame Geschäftsordnung der Bundesministerien

Die Gemeinsame Geschäftsordnung der Bundesministerien (GGO) bildet eine wichtige Grundlage der Binnenorganisation der Bundesverwaltung und bestimmt u.a. die "Grundsätze für die Organisation der Bundesministerien" (BMI 2011). Die redaktionelle Leitung der GGO hat das Bundesinnenministerium inne, etwaige Aktualisierungen bzw. Änderungen werden aber nur im Einvernehmen aller Ministerien getroffen (König 2015). Es handelt sich somit um eine gemeinsame Beschlussfassung der Bundesministerien, die über eine bloße Handlungsempfehlung hinausgeht, aber keinen rechtsverbindlichen Charakter entfaltet.

Die erste Version des Allgemeinen Teils der GGO (GGO I) wurde 1958 vom Kabinett verabschiedet und in den Jahren 1963 und 1969 erstmalig aktualisiert. Im März 1963 trat die Erstfassung des Besonderen Teils der GGO (GGO II) in Kraft. Seit 1970 werden die GGO und deren Aktualisierungen veröffentlicht (siehe GMBl vom 5.2.1970). Größere Neufassungen der GGO II wurden in 1976 und 1996 vorgenommen sowie in 2000 mit einer kompletten Novellierung, bei der Allgemeiner und Besonderer Teil der GGO zusammengeführt und die GGO grundlegend überarbeitet und gekürzt wurde. Dabei wurden auch erstmalig *besondere Organisationsformen* eingeführt und somit "alternative" Organisationseinheiten in der Bundesverwaltung formal institutionalisiert. Alle weiteren Änderungen wurden eher unregelmäßig und zumeist kleinteilig oder redaktionell vorgenommen. Dabei haben sich die Vorgaben der GGO allgemein im Zeitverlauf reduziert, allerdings blieb die grundsätzliche Aufbauorganisation der Ministerien unangetastet (Bogumil/Jann 2009: 156; siehe König 2015: 336). Obwohl es in der GGO I im Hinblick auf die Aufbauorganisation bis zur Novellierung 2000 noch sehr restriktiv hieß "Selbständige Stellen, Ämter, Sonderreferate und dgl. sollen außerhalb der Abteilungen oder Unterabteilungen nicht eingerichtet werden" (BMI 1958), entwickelten sich insbesondere in den Leitungsbereichen der Ministerien verschiedene Formate für Organisationseinheiten seit den 1960er Jahren, darunter auch "Ministerbüros" (Hoffmann 2003: 37).

Zu den gemeinsamen Organisationsvorgaben gehört u.a. die Definition der organisatorischen Kernelemente der Bundesministerien. Dazu zählen neben den Referaten, die als "Arbeitsmuskel" der Ministerien fungieren und in dieser Studie nur mittelbar analysiert werden, folgende Organisationseinheiten (BMI 2011):

- Abteilungen, die mindestens fünf Referate umfassen müssen;
- Unterabteilungen, die eingerichtet werden, wenn sie erforderlich sind;

- Organisationseinheiten mit Stabsfunktion, vor allem zur Unterstützung der Leitung;
- Projektgruppen für "zeitlich befristete, komplexe Aufgaben, die einen übergreifenden Personaleinsatz erfordern";
- Beauftragte der Bundesregierung, die Bundesbeauftragten, sowie Koordinatorinnen und Koordinatoren der Bundesregierung.

3.4 Strukturveränderungen als Modifikation von Ressourcen

Schließlich sind binnenorganisatorische Strukturen eng mit Ressourcen und somit Personal- und Budgetfragen verknüpft. Organisationseinheiten sind mit Planstellen im Personalplan hinterlegt, die auch bei Entscheidungen zur Restrukturierung von Organisationeinheiten eine erhebliche Rolle spielen können. Vereinfacht lässt sich sagen, dass der Zugewinn oder Verlust von Einheiten für die jeweils übergeordnete Organisationseinheit auch immer mit einem Gewinn oder Verlust von Planstellen und finanziellen Ressourcen einhergeht.

Die finanziellen Ressourcen sowie Plan- bzw. Sollstellen der Bundesministerien werden in den jährlichen Einzelplänen der Bundeshaushaltplanes veranschlagt, der eine Anlage des Bundeshaushaltsgesetzes darstellt und jährlich neu ausgehandelt beziehungsweise begründet werden muss. Insofern sind geplante größere binnenorganisatorische Veränderungen auch sinnvoll in den Zyklus des Haushaltsjahres einzupassen – insbesondere, wenn sie nicht als Gegenstand der strukturellen Veränderungen nach Bundestagswahlen gelten (welche zumeist eine parlamentarische Schnellbefassung im Haushaltsausschuss erfahren, vgl. Mayntz/Scharpf 1975: 122ff).

Die interne Ressourcenplanung der Häuser kann durch mehrstufige Verfahren einer Aufgabenkritik und Prozessoptimierung mit anschließender Personalbedarfsermittlung verbunden sein (BMI/BVA 2018: 133). Das alternative Verfahren zur Personalbedarfsermittlung, womit Bundesministerien schneller auf aktuelle Erfordernisse reagieren können, verbindet die Ziele und Aufgaben der Ressorts mit der Personalbedarfsermittlung. Es dient als "Argumentationsgrundlage für die Beantragung neuer Planstellen", indem festgestellt wird, ob der "Mehrbedarf" von Ressourcen begründet und neue Aufgaben nicht mit bereits beantragten Ressourcen zu erledigen seien (BMI/BVA 2018: 119ff.). Somit sind Organisationsfragen oft auch Ressourcenfragen.

Daraus ergeben sich weitere Implikationen, auch in personalwirtschaftlicher Hinsicht. Insbesondere in den durchgeführten qualitativen Experteninterviews wurde immer wieder deutlich, wie wichtig die Auswahl der jeweiligen Leitung einer Organisationseinheit ist und welche strukturellen Konsequenzen sich aus dieser Rekrutierungsentscheidung ergeben. Aufgrund der dienstrechtlichen Vorgaben zur Laufbahn und Eingruppierung und insbesondere der Korrespondenz zwischen Laufbahngruppen und Kompetenzen bzw. Leitungsspanne wird die Entscheidung für oder wider einer Organisationsveränderung auch daran ausgerichtet, ob und inwiefern die jeweilige Leitungsperson auf den formalen Zuschnitt der Einheit passt. Soll die nächste Beförderungsstufe erreicht werden, wird gelegentlich für den Aufwuchs bzw. eine neue Hierarchieebene für die Organisationseinheit entschieden (etwa in Nähe der politischen Leitung, wenn Leitungsstäbe im Rang einer Unterabteilung in Abteilungen umgewandelt werden, um der Leitung der Einheit die Position eines Ministerialrats bzw. Ministerialrätin und die entsprechende Besoldung zu ermöglichen). Der umgekehrte Fall einer Verkleinerung der formalen Kompetenzen, die z.B. zu "Kleinstreferaten" führen kann (vgl. Jann 1997: 29), wurde in dieser Studie nicht näher untersucht, da sie nahezu ausschließlich auf der untersten hierarchischen Ebene auftritt.

3.5 Zwischenfazit

Zusammenfassend gilt das Ressortprinzip als bedeutendstes Prinzip für die Ausgestaltung der Formalorganisation von Bundesministerien. Dabei wird der Gestaltungsspielraum der Bundesministerinnen einzig von den Organisationserlassen der Bundeskanzlerin beschränkt, die den Ressortzuschnitt vorgeben und damit binnenorganisatorische Implikationen für die betroffenen Ressorts auslösen. Auch sind die von den Ressorts gemeinsam beschlossenen Organisationsprinzipien in der GGO von Bedeutung. Das Kabinettsprinzip hingegen hat eine nachgeordnete Bedeutung für die Stabilität und Flexibilität der Binnenorganisation der Bundesministerien, wobei konsensual über diesbezügliche Regierungsinitiativen entschieden werden kann, wie etwa bei der Einrichtung des Sachverständigenrats "Schlanker Staat" in 1995, dessen Existenz und Handlungsempfehlungen strukturelle Implikationen für diverse Bundesministerien auslöste (Jann/Wewer 1998: 17).

4. Methodisches Vorgehen

In diesem Kapitel wird das methodische Vorgehen für die empirischen Analysen dieser Studie erläutert. Im Folgenden wird auf die Datengrundlage und Quellen sowie die zentralen Bezugsgrößen der empirischen Datenerhebung und die wichtigsten untersuchungsleitenden Definitionen eingegangen.

4.1 Datengrundlage und Quellen

Die Datengrundlage für diese Publikation bildet ein quantitativer Datensatz, der sämtliche Strukturveränderungen in der Aufbauorganisation von Bundesministerien und dem Bundeskanzleramt von 1980 bis 2015 erfasst. Der Datensatz ist analog zu weiteren nationalen Datensätzen im Rahmen eines vergleichenden Forschungsprojekts erhoben worden.[7] Die zentralen Quellen unserer empirischen Datenerhebung sind Dokumente mit Beschreibungen der Binnenorganisation der Bundesministerien. Hierzu zählen die *Organisationserlasse der Bundeskanzlerin*, insbesondere für Informationen zu Änderungen des Ressortzuschnitts, sowie die *Organigramme* aller obersten Bundesbehörden. Je nach Frequenz der Veröffentlichung dieser Organisationspläne können die Veränderungen einzelner Einheiten auch mehrfach innerhalb eines Jahres erfasst werden. Schließlich wurden die *Staatshandbücher* als weitere Erhebungsgrundlage herangezogen. Diese bieten jeweils zum Zeitpunkt des Redaktionsschlusses einen Hinweis auf binnenstrukturelle Veränderungen in den Bundesministerien und ergänzen somit die Informationen der verfügbaren Organigramme.

4.2 Das Strukturereignis als Bezugspunkt der Primärerhebung

In Weiterentwicklung früherer Organisationsstrukturanalysen (Hood et al. 1985; Nethercote 2000: 97-98; Wettenhall 1976a: 10; Wettenhall 1976b: 431) wurden für die Erstellung des Datensatzes zunächst sämtliche Veränderungen bestehender Organisationseinheiten im Zeitverlauf identifiziert und in den Datensatz aufgenommen. Eine solche Orientierung am "strukturellen Ereignis" findet zunehmend Anwendung in der Organisationsstrukturanalyse (etwa Rol-

7 Für weitere Informationen zum Forschungsprojekt "Strukturen und Organisation von Regierungen" (SOG-PRO) siehe www.sog-pro.eu. Die Partner sind Forschungsteams aus Frankreich (Science Po), Großbritannien (Universität Exeter) und den Niederlanden (Universität Leiden).

land/Roness 2011: 404-405; Wynen et al. 2016: 8; Kuipers et al. 2017). Der daraus resultierende ereignisbasierte Datensatz aller Bundesministerien sowie des Bundeskanzleramts umfasst insgesamt 4.874 Fälle zwischen 1980 und 2015.

Grundsätzlich ermöglicht eine solche Betrachtung der Strukturereignisse bzw. "Transitionen" von Einheiten die Einordnung verschiedener idealtypischer Ereignisse (vgl. Rolland/Roness 2012; MacCarthaigh et al. 2012; MacCarthaigh/Roness 2012; Carroll et al. 2018):

- Strukturereignisse, bei denen dieselbe Einheit an der Veränderung beteiligt ist und auch anschließend existiert, etwa Namensänderungen;
- Strukturereignisse, bei denen eine Einheit an der Veränderung beteiligt ist, anschließend aber mehrere Einheiten existieren (etwa die Splittung einer Organisationseinheit in mehrere Organisationseinheiten). Ebenso Strukturereignisse, bei denen mehrere Einheiten an der Veränderung beteiligt sind, danach aber nur eine Einheit aus der Veränderung hervorgeht;
- Strukturereignisse, bei denen mehrere Einheiten an der Veränderung beteiligt sind und auch anschließend mehrere Einheiten existieren, d.h. komplexe Reorganisationen.

Diese ereignisbezogene Datenerhebung kann für die empirische Analyse unterschiedlich aufbereitet werden. Neben der Betrachtung der Strukturereignisse und deren Häufigkeit sowie der Anzahl der Organisationseinheiten, die von diesen Strukturereignissen betroffen sind, lässt sich ein Zeitreihendatensatz erstellen, welcher für jeden Zeitpunkt bzw. Zeitraum die Anzahl der Organisationseinheiten bzw. Strukturereignisse ausweisen kann.

4.3 Erläuterung zur Grundgesamtheit

Die Organisationseinheiten der Bundesministerien unterscheiden sich strukturell in verschiedener Weise.[8] Die Grundgesamtheit der vorliegenden Studie besteht aus allen Organisationseinheiten auf der ersten und zweiten untergeordneten hierarchischen Ebene innerhalb der Bundesministerien und des Bundeskanzleramts (siehe unten), die von 1980 bis 2015 existieren. Genauer lassen sie sich hinsichtlich zweier Dimensionen einordnen: Ihre hierarchische Ebene sowie ihr temporales Mandat (siehe Tabelle 1).

8 Weitere typische strukturelle Eigenschaften wären die formale Anbindung in die bürokratische Hierarchie (als Stabs- oder Linieneinheit) oder die Arbeitskapazität von Einheiten (als Anzahl von untergeordneten Einheiten, siehe Bertels/Schulze-Gabrechten 2018).

(1) *Hierarchische Dimension*: Die erste Dimension beschreibt die formale Hierarchieebene einer Organisationseinheit und damit ihre jeweiligen formalen Kompetenzen und Ressourcen sowie die Nähe bzw. Distanz zur politischen Leitung und Art und Weise der Einbindung in den exekutiven Entscheidungsprozess. Für die Bundesministerien ergeben sich maximal vier Ebenen:

- Ebene 0 = politische Leitung, inkl. beamtete und parlamentarische Staatssekretäre
- Ebene -1 = die darauffolgende untergeordnete hierarchische Ebene (häufigste Organisationseinheit ist die Abteilung)
- Ebene -2 = die darauffolgende untergeordnete hierarchische Ebene (häufigste Organisationseinheit ist die Unterabteilung)
- Ebene -3 = die darauffolgende untergeordnete hierarchische Ebene (häufigste Organisationseinheit ist das Referat)

(2) *Temporale Dimension*

Aufgrund der zeitlichen Mandatierung einer Organisationseinheit zum Zeitpunkt ihrer Erstellung lassen sich permanente und temporäre Einheiten unterscheiden. Ein temporäres Mandat besteht immer dann, wenn die Einheit zum Zeitpunkt ihrer Gründung ein "Verfallsdatum" erhält, sei es durch Angabe einer exakten Laufzeit oder durch eine definierte temporäre Aufgabe (Mayntz/Scharpf 1975: 76; Scott/Davis 2016: 130). Ungeachtet dessen können sich auch Einheiten mit einem permanenten Mandat als recht kurzlebig erweisen.

Tabelle 1: Typologie von Organisationseinheiten

<table>
<tr><th colspan="3">Einheiten
mit Kodifizierung in der GGO</th><th>Weitere Einheiten</th></tr>
<tr><td>Level</td><td>permanent</td><td>temporär</td><td rowspan="4">– Arbeitsgruppe
– Gruppe
– Stellen
– Stäbe
– Ressort-beauftragte</td></tr>
<tr><td>-1</td><td>– Abteilung;
– Beauftragte der Bundesregierung, Bundesbeauftragte, Koordinatorinnen der Bundesregierung;
– Organisationseinheit mit Stabsfunktion</td><td>– Projektgruppe</td></tr>
<tr><td>-2</td><td>– Unterabteilung;
– Organisationseinheit mit Stabsfunktion</td><td>– Projektgruppe;
– Organisationseinheit mit Stabfunktion</td></tr>
<tr><td>-3</td><td>– Referat</td><td></td></tr>
</table>

Hinweis: Die Grundgesamtheit umfasst weitere Typen wie beispielsweise Zentren oder Außenstellen.

Die vorliegende Studie konzentriert sich auf sämtliche Einheiten auf den Ebenen 0 bis -2, somit sind Referate ausgeschlossen, es sei denn sie sind *de facto* auf Ebene -2 angesiedelt (durch direkte Anbindung unter eine Organisationseinheit auf Ebene -1, etwa im Leitungsbereich oder unter eine Abteilungsleitung in der Linienorganisation). Hinsichtlich des temporalen Mandats wird keine Vorauswahl getroffen und stattdessen werden alle Organisationseinheiten berücksichtigt, unabhängig von ihrer temporalen Mandatierung. Dennoch ist diese Unterscheidung sinnvoll, um die Vielfalt an Typen von Organisationseinheiten zu erfassen (siehe Kap. 5.3).

Sämtliche empirische Analysen in dieser Publikation konzentrieren sich auf die **Gesamtpopulation** von Organisationeinheiten in den Bundesministerien, die Einheiten des Bundeskanzleramtes sowie einzelne Referate wurden exkludiert (für die singuläre Analyse zur Binnenstruktur des Bundeskanzleramts siehe Kap. 6.3).

4.4 Definition von Geschäftsbereichen

Die Längsschnittstudie über mehrere Jahrzehnte beinhaltet zwangsläufig auch diverse Veränderungen auf Ebene der Geschäftsbereiche bzw. Portfolios, die wir zur besseren Lesbarkeit in Portfolios mit Stand Dezember 2015 umdefinieren. Dabei berücksichtigen wir sämtliche Veränderungen auf Ebene der Bundesministerien und deren jeweilige Vorgänger und Nachfolger (siehe Tabelle 2).

Tabelle 2: Definition der Portfolios 1980-2015

Portfolio	*Bundesministerien*
Arbeit und Soziales	BM für Arbeit und Sozialordnung (BMA, 1980-2002), BM für Arbeit und Soziales (BMAS, 2005-2015)
Auswärtiges	Auswärtiges Amt (AA, 1980-2015)
Bildung und Forschung	BM für Forschung und Technologie (BMFT, 1980-1994) + BM für Bildung und Wissenschaft (BMBW, 1980-1994), BM für Bildung, Wissenschaft, Forschung und Technologie (BMBF, 1994-1998), BM für Bildung und Forschung (BMBF, 1998-2015)
Entwicklungszusammenarbeit	BM für wirtschaftliche Zusammenarbeit (BMZ, 1980-1993), BM für wirtschaftliche Zusammenarbeit und Entwicklung (BMZ, 1993-2015)
Familie	BM für Jugend, Familie und Gesundheit (BMJFG, 1980-1986), BM für Jugend, Familie, Frauen und Gesundheit (BMJFFG, 1986-1991), BM für Frauen und Jugend (BMFJ, 1991-1994) + BM für Familie und Senioren (BMFuS, 1991-1994), BM für Familie, Senioren, Frauen und Jugend (BMFSFJ, 1994-2015)

Portfolio	*Bundesministerien*
Finanzen	BM der Finanzen (BMF, 1980-2015)
Gesundheit	BM für Gesundheit (BMG, 1991-2002), BM für Gesundheit und soziale Sicherung (BMGS, 2002-2005), BM für Gesundheit (BMG, 2005-2013),
Innerdeutsche Beziehungen	BM für innerdeutsche Beziehungen (BMB, 1980-1991)
Inneres	BM des Innern (BMI, 1980-2015)
Justiz	BM der Justiz (BMJ, 1980-2013), BM der Justiz und Verbraucherschutz (BMJV, 2013-2015)
Landwirtschaft	BM für Ernährung, Landwirtschaft und Forsten (BML, 1980-2001), BM für Verbraucherschutz, Ernährung und Landwirtschaft (BMVEL, 2001-2005), BM für Ernährung, Landwirtschaft und Verbraucherschutz (BMELV, 2005-2013), BM für Ernährung und Landwirtschaft (BML, 2013-2015)
Post	BM für das Post- und Fernmeldewesen (BMP, 1980-1989), BM für Post und Telekommunikation (BMPT, 1989-1997)
Umwelt	BM für Umwelt, Naturschutz und Reaktorsicherheit (BMU, 1986-2013), BM für Umwelt, Naturschutz, Bau und Reaktorsicherheit (BMUB, 2013-2015)
Verkehr	BM für Verkehr (BMV, 1980-1998) + BM für Raumordnung, Bauwesen und Städtebau (BMBau, 1980-1998), BM für Verkehr, Bau und Wohnungswesen (BMVBW, 1998-2005), BM für Verkehr, Bau und Stadtentwicklung (BMVBS, 2005-2013), BM für Verkehr und Digitale Infrastruktur (BMVI, 2013-2015)
Verteidigung	BM der Verteidigung (BMVg, 1980-2015)
Wirtschaft	BM für Wirtschaft (BMWi, 1980-1998), BM für Wirtschaft und Technologie (BMWi, 1998-2002), BM für Wirtschaft und Arbeit (BMWA, 2002-2005), BM für Wirtschaft und Technologie (BMWi, 2005-2013), BM für Wirtschaft und Energie (BMWi, 2013-2015)

Bemerkung: Die etwaige Koexistenz zweier Bundesministerien im gleichen Portfolio wird durch ein "+" angezeigt. Zur besseren Lesbarkeit wird "Bundesministerium" als "BM" abgekürzt.

Für die Bundesministerialverwaltung muss zudem eine historische Besonderheit berücksichtigt werden. In **Folge der deutschen Wiedervereinigung** wurde mit Beschluss des Bundestages vom Juni 1991 (BT-Drucksache 12/815) und dem daraus resultierenden Bonn-Berlin-Gesetz (1994) der Teilumzug der Regierung in die neue Bundeshauptstadt Berlin veranlasst. Inhaltlich fußte der Beschluss auf dem sogenannten "Kombinationsmodell", welches eine Aufteilung der Ministerialtätigkeit auf die vormalige Bundeshauptstadt Bonn, in der die meisten Arbeitsplätze innerhalb der Ministerien verbleiben sollten, und Berlin vorsah (Westkamp 1997: 9). Darüber hinaus sollten künftig mindestens zwei Bundesministerien ihren ersten Dienstsitz in Bonn behalten (ebd.).

Somit hat die Wiedervereinigung zwar Veränderungen in der Struktur der Bundesministerien nach sich gezogen, allerdings keine umfassende Neustrukturierung ausgelöst (vgl. König 1997; Schröter 2007: 258). Die Benennung von fünf Bundesministerinnen ohne Geschäftsbereich ins Kabinett hatte keine weiteren organisatorischen Konsequenzen, weil sie nicht über einen eigenen ministerialen Unterbau verfügten.

Zunächst wurde in 1991 das Bundesministerium für innerdeutsche Beziehungen ohne strukturellen Nachfolger aufgelöst. Gleichzeitig begannen die Bundesministerien Außenstellen in Berlin einzurichten, die u.a. den Umzug der Teilbereiche der Ministerien von Bonn nach Berlin orchestrieren sollten. Während es sich bei einigen Außenstellen eher um kleine "Umzugszentralen" handelte, wurden in den Außenstellen anderer Häuser auch Facheinheiten angesiedelt wie exemplarisch in der Außenstelle des Bundesjustizministeriums oder des Bundesministeriums für Raumordnung, Bauwesen und Städtebau. Seit dem Teilumzug der Bundesregierung haben alle Ressorts neben den ersten Dienstsitzen, die sich entweder in Bonn oder Berlin befinden, eine weitere Dienstelle entweder in der Bundesstadt Bonn oder in der Hauptstadt Berlin (siehe Tabelle 3).

Tabelle 3: Erster Dienstsitz der Bundesministerien

Portfolio	*Berlin*	*Bonn*
Finanzen	x	
Inneres	x	
Auswärtiges	x	
Wirtschaft	x	
Justiz	x	
Arbeit und Soziales	x	
Verteidigung		x
Landwirtschaft		x
Familie	x	
Gesundheit		x
Verkehr	x	
Umwelt	x	
Bildung und Forschung		x
Entwicklungszusammenarbeit		x

Stand: Mai 2018

Zum heutigen Zeitpunkt haben insgesamt noch fünf Bundesministerien ihren offiziellen ersten Dienstsitz in Bonn. Diese Entwicklung korrespondiert mit den Vorgaben des Bonn-Berlin-Gesetzes. Allerdings variiert die Verteilung der Dienstposten zwischen beiden Dienstsitzen. So hat etwa das Bundesministerium der Justiz und für Verbraucherschutz derzeit nur vier Beschäftigte am zweiten Dienstsitz in Bonn.[9] Auch gibt es Fälle, in denen der offizielle erste Dienstsitz nicht den Standort widerspiegelt, an dem auch die meisten Beschäftigten des Ministeriums angesiedelt sind. So lassen sich derzeit 552 der ca. 1.245 Mitarbeiterinnen des Bundesministeriums für Verkehr und Digitale Infrastruktur am ersten Dienstsitz in Berlin verorten, während die Mehrzahl von 693 Mitarbeiterinnen in Bonn tätig ist.[10]

9 http://www.bmjv.de/ (abgerufen 4.5.2018).

10 http://www.bmvi.de/ (abgerufen 4.5.2018).

5. Die formale Binnenorganisation der Bundesverwaltung

Das folgende Kapitel beschreibt die zentralen Erkenntnisse der Organisationsstrukturanalyse der Bundesministerien. Dabei werden zunächst die Dynamiken des "Grundgerüsts" sowie der häufigsten weiteren Typen von Organisationseinheiten betrachtet. Ferner werden die strukturellen Dynamiken für diese Gesamtpopulation dargestellt. Abschließend werden die Arten der Veränderungen genauer betrachtet, um die jeweiligen Implikationen für Organisationsressourcen im Zeitverlauf zu betrachten.

5.1 Die Organisation des "Grundgerüsts"

Eine erste Übersicht zeigt die Stabilität der internen Organisation von Bundesministerien, wenn man sich mit deren "Grundgerüst" befasst, d.h. den permanenten Abteilungen[11] und Unterabteilungen[12] sowie den Leitungseinheiten (siehe Abb. 1). Zu diesen Leitungseinheiten zählen Organisationseinheiten mit direkter Anbindung an die politische Leitung sowie Leitungsabteilungen, in denen Referate bestehen. Heutzutage werden diese zumeist als "Leitungsbereiche" oder "Leitungsstäbe" bezeichnet oder sind als Leitungsabteilungen in der Linie angeordnet. Zu früheren Zeitpunkten unserer Analyse wurden Leitungsfunktionen hingegen von singulären Referaten auf der Leitungsebene ausgeübt, die nicht übergeordneten Organisationseinheiten zugewiesen waren, etwa als Büro der Ministerin oder als Pressestelle.

Stabilität bei Abteilungen und Flexibilität bei Unterabteilungen

Die Anzahl von ca. 110 Abteilungen in den Bundesministerien bleibt im Zeitverlauf weitgehend unverändert, während die durchschnittlich ca. 240 Unterabteilungen, die auch als die "Leitungszwischenschicht" (König 2015: 277) bezeichnet werden, mehr Dynamiken aufweisen (siehe Abb. 1).

---

11 Hierzu gehören auch die bis 2011 existierenden Führungsstäbe im Bundesministerium der Verteidigung, die in 2012 in Abteilungen überführt wurden.

12 Hierzu zählen auch die bis 2011 im Bundesministerium der Verteidigung bestehenden Stabsabteilungen sowie die seit 2001 im Auswärtigen Amt existierenden Beauftragten, die an Stelle der vormaligen Unterabteilungen eingesetzt wurden.

Seit Mitte der 1990er Jahre hat sich die Zahl der Unterabteilungen deutlich reduziert. Dieser Abbau kann zum einen auf die Verringerung der Zahl der Bundesministerien zurückgeführt werden, so wurden etwa die Bundesministerien für innerdeutsche Beziehungen und für Post und Telekommunikation in den 1990er Jahren abgeschafft. Ebenso wurden diverse Bundesministerien zusammengefasst, etwa im Bereich Familie und im Bereich Bildung und Forschung. Zum anderen hat die Reforminitiative "Schlanker Staat" zu einer Verschlankung der Strukturen der Bundesministerien in diesem Zeitraum beigetragen (vgl. Jann/Wewer 1998). Allerdings ist die Zahl der Unterabteilungen seit Ende der 2000er Jahre wieder leicht angestiegen während die Anzahl der Abteilungen und Ministerien stabil geblieben ist.

Abb. 1: Anzahl zentraler Organisationseinheiten

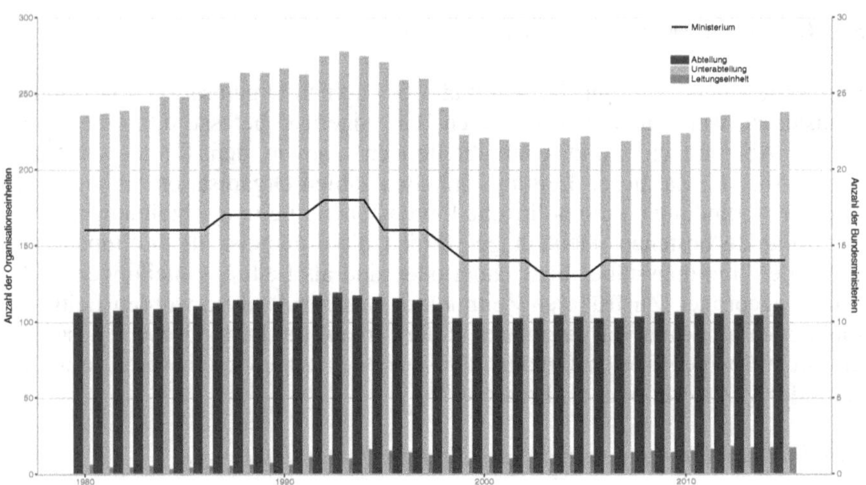

Jahr	1980	1985	1990	1995	2000	2005	2010	2015
Abteilungen	106	109	113	116	102	103	106	111
Unterabteilungen	236	248	267	271	221	222	224	238
Leitungseinheiten	6	4	6	15	11	12	15	17

Bemerkung: Die Angaben beziehen sich auf den 1.1. des jeweiligen Jahres.

Der Vergleich der Anzahl der Abteilungen und Unterabteilungen im Zeitverlauf verdeutlicht, dass die Errichtung bzw. Auflösung einer Unterabteilung weniger mit Blick auf die übergeordnete Abteilung quasi aus einer top-down-

Perspektive entschieden wird (mit der Frage: Wie viele bzw. welche Unterabteilungen werden in dieser Abteilung organisiert). Stattdessen ist es plausibel anzunehmen, dass die Zahl der Unterabteilungen sich eher nach anderen Prämissen ausrichtet. Dazu gehört die funktionale Orientierung aus einer bottom-up-Perspektive (mit der Frage: Wie viele bzw. welche Referate werden in dieser Unterabteilung organisiert). Daneben kann für Unterabteilungen aber mindestens ein weiteres strukturelles Charakteristikum eine Rolle spielen: Während Abteilungsleiterinnen als politische Beamte jederzeit ohne Angabe von Gründen in den einstweiligen Ruhestand versetzt werden können, sind Unterabteilungsleiterinnen vor solchen (Personal-)Entscheidungen gefeit. Daraus kann im strukturellen Aufbau der Bundesministerien durchaus eine gewisse "Entkopplung" der Anzahl der Unterabteilungen von der Anzahl der Abteilungen folgen.

Struktureller Ausbau der Leitungsbereiche

Die Zahl der Leitungseinheiten mit eigenen Referaten ist im Zeitverlauf deutlich angestiegen. Während zu Beginn des Untersuchungszeitraums in den 1980er Jahren nur drei bis maximal sechs Bundesministerien derartige Einheiten mit organisatorischem Unterbau besaßen und die Mehrheit der Ministerien stattdessen nur singuläre Referate auf Leitungsebene organisierte, ist inzwischen in jedem Ressort eine solche Leitungseinheit mit untergeordneten Referaten eingerichtet und als Standardorganisationsformat etabliert (Hustedt 2013: 263-264). Zumeist werden diese Leitungseinheiten als Stab organisiert ("Leitungsstab" oder "Leitungsbereich"). Seit den 2000er Jahren wurden sie aber auch in mindestens drei Bundesministerien als "Leitungsabteilung" in der Linie organisiert. Daneben werden Leitungsfunktionen auch in "Leitungs- und Kommunikationsabteilungen" oder "Leitungs- und Planungsabteilungen" bzw. "Grundsatzabteilungen" in der Linie wahrgenommen (vgl. Fleischer 2012).

Die durchschnittliche Anzahl der untergeordneten Referate in diesen Leitungseinheiten hat sich im Zeitverlauf in etwa verdoppelt. Dies spiegelt auch die Ausdifferenzierung der Aufgaben wider, die in diesen Leitungseinheiten ausgeübt werden. Auch kann die zunehmende Größe der Leitungsbereiche als eine Erweiterung des "Reservoirs" für Einstellungen und Beförderungen einzelner Mitarbeiterinnen interpretiert werden, denen zumeist eine politische Nähe zur Hausleitung attestiert wird (Hustedt 2013: 264; König 2015: 90).

5.2 Zur Vielfalt "unorthodoxer" Organisationseinheiten

Die folgende Analyse untersucht die organisationale Vielfalt jener Organisationseinheiten in den Bundesministerien, die nicht zum strukturellen "Grundgerüst" gehören (siehe Kap. 5.1). Da sie nicht über den kompletten Untersuchungszeitraum in der GGO kodifiziert waren, wurden diese Einheiten aufgrund ihrer gehäuften Existenz in mehr als einem Bundesministerium identifiziert (siehe Abb. 2). Hierzu zählen:

- Arbeitsgruppen,
- Gruppen,
- Stellen,
- Stäbe,
- Ressortbeauftragte,
- Beauftragte/Koordinatorinnen Bund (*seit 2000 in der GGO*),
- Projektgruppe (*seit 2000 in der in GGO*)

Abb. 2: Organisationseinheiten jenseits des Grundgerüsts

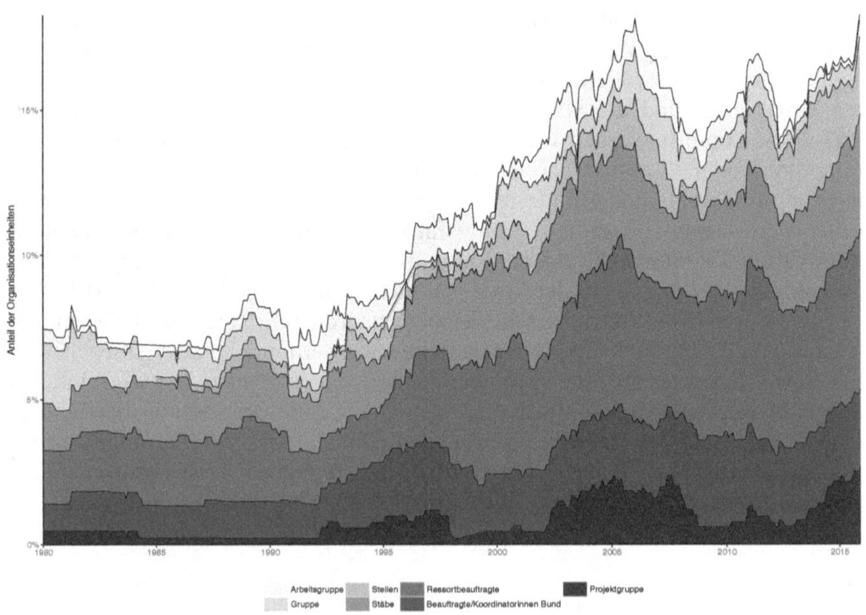

Bemerkung: Der Anteil von Organisationseinheiten wurde monatlich ermittelt als Verhältnis der "unorthodoxen" Einheiten zur Gesamtpopulation.

Zunächst wird deutlich, dass der **Anteil dieser weiteren Einheiten im Zeitverlauf deutlich zunimmt**. Während diese Organisationseinheiten im Januar 1980 lediglich 7,4% der Einheiten in der Ministerialverwaltung auf Bundesebene ausmachten, liegt ihr Anteil im Dezember 2015 bei 18%. Zudem stagniert der Anteil dieser Organisationseinheiten bis Mitte der 1990er Jahre, bis auf einen leichten Anstieg zwischen 1989 und 1991. Ab 1995 allerdings ist ein deutlicher Anstieg dieser Organisationseinheiten erkennbar. Interessant ist der starke Anstieg dieser Typen von Organisationseinheiten insbesondere im Hinblick darauf, dass das „Grundgerüst" von Abteilungen, Unterabteilungen und Leitungseinheiten vergleichsweise stabil geblieben ist (siehe Kap. 5.1).

Arbeitsgruppen enthalten Arbeits-, Koordinierungs-, Planungs- und Prüfgruppen. In den 1980er Jahren gab es in der gesamten Bundesregierung maximal drei solcher Organisationeinheiten parallel, im Jahr 2015 sogar nur eine Organisationseinheit. Häufiger hingegen wurde unter der rot-grünen Bundesregierung auf dieses Organisationsformat zurückgegriffen (sechs bis neun gleichzeitig existierende Einheiten dieser Kategorie).

Gruppen wurden bereits in 1980 als Organisationseinheiten genutzt, ihr Anteil schwankt im Zeitverlauf recht stark. Während in 1980 ca. 2,1% aller Organisationseinheiten Gruppen waren, fiel ihr Anteil auf 0,2% in den 1990er Jahren. Einen deutlichen Aufschwung erleben Gruppen in den Jahren 2005 bis 2007, ihr Anteil stieg damit wieder auf ca. 2,2% (aber die Gesamtzahl der "unorthodoxen" Einheiten war zu diesem Zeitpunkt deutlich höher als zu Beginn des Untersuchungszeitraums). Der starke Anstieg von zwei auf acht Gruppen geht dabei auf eine ressortinterne Restrukturierung im Bundesgesundheitsministerium zurück.

Stellen beinhalten etwa Geschäfts-, Koordinierungs- und Stabstellen, wobei Geschäftsstellen den größten Anteil ausmachen. Als Organisationseinheit wurden Stellen erstmals 1985 eingesetzt. Bis 1999 wurde nur sehr vereinzelt auf Stellen zurückgegriffen (eine bis max. vier parallel existierenden Stellen). Einen Aufschwung erleben Stellen seit 2010 mit einer maximalen Anzahl von 17 Stellen in 2014. Am häufigsten arbeiten Stellen Kommissionen, Beauftragten und Koordinatorinnen zu (bspw. "Geschäftsstelle des Drogenbeauftragten der Bundesregierung", "Geschäftsstelle Unabhängige Kommission Zuwanderung"). Somit hängt der Anstieg der Stellen im Zeitverlauf auch mit der Ausweitung der Kategorie Beauftragte/Koordinatorinnen des Bundes zusammen.

Stäbe umfassen alle Einheiten, die "Stab" in ihrer Denomination tragen, mit Ausnahme von Leitungsstäben. Somit zählen zu dieser Kategorie auch Arbeitsstäbe, Planungsstäbe und Koordinationsstäbe sowie ressortspezifische Organisationsstäbe, die lediglich in der Binnenorganisation des Auswärtigen Amtes auftreten. Diese Stäbe machen den zweithöchsten Anteil an allen "unorthodoxen" Einheiten aus. Während der Anteil von Stäben in 1980 noch bei 1,6% lag, wuchs er in 2015 auf 4%.

Ressortbeauftragte sind Beauftragte in Bundesministerien, die laut ihrer Denomination keine Funktionen für die Bundesregierung als Ganzes ausüben,[13] hierzu zählen auch die wenigen ressortspezifischen Koordinatorinnen. Diese bilden die größte Kategorie der Organisationseinheiten jenseits des Grundgerüsts. Während Ressortbeauftragte in 1980 nur einen Anteil von 1,8% an der Gesamtpopulation ausmachten, ist ihr Anteil im Zeitverlauf mit kleineren Schwankungen deutlich gestiegen und liegt seit 2003 durchschnittlich zwischen 4 und 6% im Verhältnis zur Gesamtpopulation (maximal 31 Ressortbeauftragte).

Beauftragte/Koordinatorinnen Bund hingegen beinhalten nur jene Beauftragte mit Mandat für die gesamte Bundesregierung und somit einer ressortübergreifenden Funktion. Der Anteil dieser Beauftragten an der Gesamtpopulation stieg von 0,9% (in 1980) auf 2,7% (in 2015). Seit 2000 sind diese in der GGO als besondere Organisationsform aufgeführt. Ihren Höchstwert erreichen die Beauftragten/Koordinatorinnen Bund unter der schwarz-gelben Bundesregierung (im Dezember 2005) mit einem Anteil von 3,3% (absolute Anzahl von 17 Einheiten). Deutlich erkennbar spiegeln auch diese Ergebnisse die insbesondere seit der rot-grünen Bundesregierung angestiegene "Beauftragten-Welle" wider (FAS 2018). Gemeinhin werden diese Positionen auch zur Befriedung von Interessen jener Parteiflügel bzw. Regionalverbände verwendet, die im Rahmen von Koalitionsverhandlungen nicht zufriedenstellend bei der Verteilung der Ämter an Ministerinnen und Staatssekretärinnen bedacht wurden (siehe u.a.: Derlien 2001, Derlien/Murswieck 2001: 11; Fuchs 1985; FAS 2018).

Projektgruppen existieren in 1980 mit einem geringen Anteil von 0,05% und erreichten ihren höchsten Anteil zum Ende des Beobachtungszeitraums in 2015 mit 2.7% (14 Projektgruppen). Die Projektgruppen sind ebenfalls seit 2000 in der GGO als besondere Organisationsform kodifiziert. Besonders häufig gibt es Projektgruppen im Bundesinnenministerium, aber auch in den Ressorts für Bildung und Forschung, Gesundheit und Familie. Eine erste hohe Zahl von Projektgruppen existierte zum Ende der rot-grünen Bundesregierung, die sich auch in der ersten Großen Koalition unter Merkel fortsetzt (von 2,2% in 2005 auf 2,4% in 2007). Häufig werden Projektgruppen für *Strukturreformen und Modernisierungsprojekte* errichtet, bspw.

13 Exkludiert sind Frauen- bzw. später Gleichstellungsbeauftragte und Datenschutzbeauftragte, da diese qua Gesetz in jedem Ressort ernannt sein müssen sowie diejenigen Beauftragten in der Binnenorganisation des Auswärtigen Amtes, die seit der internen Strukturreform 2001 die Unterabteilungen ersetzt haben.

- Projektgruppe "Strukturreform Bahn",
- Projektgruppe "Neuorganisation Bundespolizei",
- Projektgruppe "Verwaltungsmodernisierung im Bund-Länder-Verhältnis – Föderalismusreform II").

Ebenso finden sie zur Bearbeitung *größerer Themenkomplexe* Anwendung, u.a.

- Projektgruppe "Zukunft Familie",
- Projektgruppe "Zukunft Bildung",
- Projektgruppe "Asylbewerber- und Flüchtlingsaufnahme" und
- Projektgruppe "Zuwanderung"

oder im Kontext der *Planung von Veranstaltungen*, etwa

- Projektgruppe "Verkehr Fußball-WM 2006"

Projektgruppen werden vor allem dann eingesetzt, wenn innerhalb eines bestimmten Zeitrahmens prioritäre Aufgaben zu erfüllen sind, die nur durch die Zusammenarbeit von Expertinnen aus verschiedenen Organisationseinheiten oder über Ressorts hinweg bewältigt werden können (siehe auch Mayntz/ Scharpf 1975).

Die Vielfalt unorthodoxer Organisationseinheiten im Zeitverlauf

Nach Regierungswechseln ohne Kanzlerkontinuität in 1998, 2005 und 2013 lässt sich jeweils ein Anstieg der hier betrachteten weiteren Organisationseinheiten neben dem strukturellen Grundgerüst der Bundesministerien verzeichnen. Auch der höchste Anteil von 18,1% im Januar 2006 lässt sich nach dem Regierungswechsel von Rot-Grün zur ersten Großen Koalition unter Angela Merkel beobachten. Diese Anstiege an weiteren Typen von Organisationseinheiten können darauf hinweisen, dass neue Regierungsparteien den etablierten Strukturen und ggf. auch Personalien skeptisch gegenübertreten und mit der Schaffung neuer Strukturelemente begegnen (siehe Derlien 2001: 39).

Nicht zuletzt können "unorthodoxe" Organisationseinheiten als Instrumente der Personalpolitik dienen (siehe hierzu Derlien 2001; Otremba 1999). Durch die Verzahnung von Organisationseinheiten mit Planstellen im Haushaltsplan und die dienstrechtlichen Vorgaben zur Laufbahn und Eingruppierung bieten strukturelle Veränderungen jenseits des Grundgerüsts Möglichkeiten neue Dienststellen zu schaffen. Es ist plausibel anzunehmen, dass durch die höhere Flexibilität dieser Organisationseinheiten Personal unkomplizierter in die Ministerialverwaltung rekrutiert werden kann, durchaus auch in Nähe zur politischen Leitung.

Eine besondere Bedeutung erlangte dies nach 1998, als "[...] die Personalpolitik der Regierung Kohl in ganzer Breite korrigiert werden sollte" (Derlien 2001: 51).

Neben der hohen "Fluktuationsrate" von rund 65% der politischen Beamten nach der Wahl 1998 (Fleischer 2016: 7; für Entwicklungen ab 2002 siehe auch Bach/Veit 2017), bot die Schaffung weiterer Typen von Organisationeinheiten zusätzliche Positionen zur Rekrutierung neuer Mitarbeiterinnen.

5.3 Wachstum und Veränderungsaktivität im Zeitverlauf

Die Anzahl aller Organisationseinheiten in den Bundesministerien, d.h. dem obigen Grundgerüst und allen weiteren Einheiten (siehe Kap. 4.1), variiert im Zeitverlauf zwischen minimal 430 (in 1980) und maximal 544 (in 1993; siehe Abb. 3).

Abb. 3: Gesamtpopulation und Änderungsrate

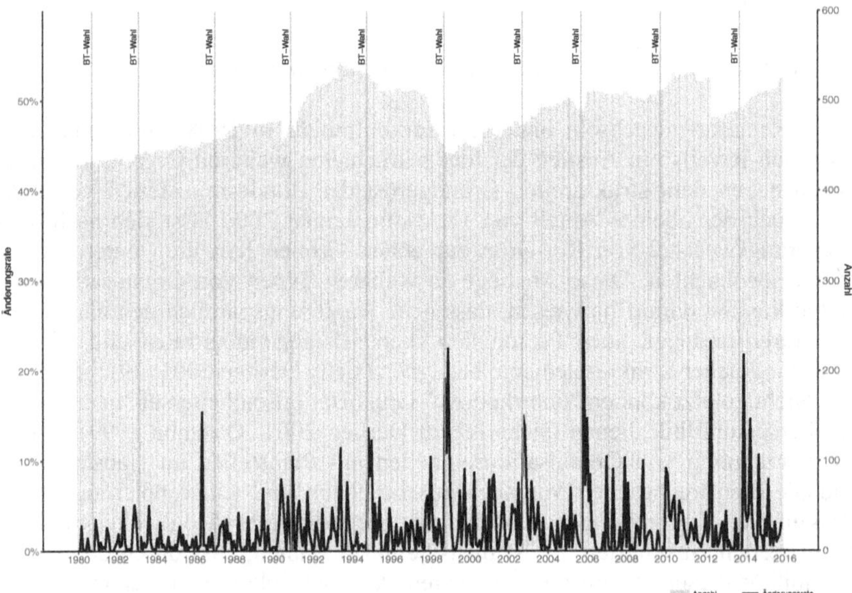

Bemerkung: Die Anzahl der Einheiten bezieht sich auf den Maximalwert pro Monat. Die Veränderungsrate misst die Anzahl der Einheiten, denen Änderungen widerfahren, im Verhältnis zur Gesamtpopulation, die Tageswerte wurden pro Monat zusammengefasst.

Nach dem sukzessiven Aufwuchs von Organisationseinheiten bis Ende der 1980er Jahre und dem Höchststand in 1993 (zu diesem Zeitpunkt gab es 18 Bundesministerien) ist eine deutliche Reduktion von Organisationeinheiten zwischen 1998 und 1999 zu erkennen. Diese Reduktion korrespondiert mit den Entwicklungstrends des Grundgerüsts (siehe Abb.1). Die erneute Reduktion in Mitte 2012 hingegen folgt nicht diesem allgemeinen Trend, sie ist primär auf die Strukturreform im Bundesverteidigungsministerium zurückzuführen (s.u.).

Neben dem Wachstum bzw. der strukturellen Ausdifferenzierung der Bundesministerien ist von besonderem Interesse, wie stark die Binnenorganisation der Ressorts verändert worden ist. Eine solche Veränderungsrate kann als Aktivitätsrate verstanden werden und stellt den prozentualen Anteil aller Organisationseinheiten dar, denen Veränderungen innerhalb und zwischen den Ressorts widerfahren. Eine Analyse auf monatlicher Basis zeigt, dass seit der Bundestagwahl 1990 die Veränderungsrate nach den Wahlen stets deutlich ansteigt (siehe Abb. 2). Dieses Muster scheint unabhängig davon zu sein, ob in Folge der Bundestagwahl ein Regierungswechsel, ein anteiliger Regierungswechsel oder kein Wechsel in der Zusammensetzung der Bundesregierung stattgefunden hat. Einzige Ausnahme zu diesem Trend stellt die deutlich geringere Aktivitätsrate im Anschluss an die Bundestagswahl 2009 dar. Die höchste Veränderungsrate wiederum zeigt sich nach der Bundestagswahl 2005, wonach fast ein Drittel der bestehenden Organisationseinheiten in den Bundesministerien an Strukturveränderungen beteiligt bzw. von ihnen betroffen waren. Ein Großteil dieser Änderungsaktivität lässt sich durch interministerielle Reorganisationen in Folge der Auflösung des "Superministeriums" für Wirtschaft und Arbeit in 2005 begründen. Nach der Bundestagswahl 1998 mit dem einzigen vollständigen Regierungswechsel im Untersuchungszeitraum lag der Anteil an Organisationveränderungen bei 19% (Oktober 1998), somit waren immerhin rund ein Fünftel der existierenden Organisationseinheiten an Veränderungen beteiligt.

Die hohe Veränderungsrate insbesondere nach Bundestagswahlen lässt sich auch damit erklären, dass sie nicht nur den formalen Wandel in der Binnenorganisation der Bundesministerien erfasst, sondern auch die interministeriellen Organisationsveränderungen als Folge neuer Ressortzuschnitte. Daneben stellen die Phasen nach Bundestagswahlen eine (gute) Gelegenheit dar, hausinterne Organisationsveränderungen vorzunehmen.

Die Veränderungsrate zeigt darüber hinaus auch, dass die Organisationsstrukturen sich im stetigen Wandel befinden und nicht nur unmittelbar nach Bundestagswahlen verändert werden. Dies spiegelt sich darin wider, dass die Veränderungsrate sehr selten auf null fällt, es also nur wenige Monate gibt, in denen kein Wandel stattfindet. Auch während der Legislaturperiode sind "mittlere" Aktivitätsintensitäten zu erkennen. Die höchste dieser Veränderungsphasen ist allerdings auch wieder durch einen veränderten Ressortzuschnitt zu erklären: Die relativ hohe Veränderungsrate in 1986 wurde durch die Neugründung des Bundesministeriums für Umwelt, Naturschutz und Reaktorsicherheit verursacht in dessen Folge zahlreiche Organisationseinheiten des Bundesinnenministeriums, des Bundesministeriums für Ernährung, Landwirtschaft und Forsten und des Bundesministeriums für Jugend, Familie und Gesundheit verändert wurden (siehe auch BKOrgErl 1986).

Dennoch sind viele Veränderungsaktivitäten nicht durch Zuständigkeitsverschiebungen zwischen Ministerien begründbar. Sie lassen sich vielmehr auf ressortinterne Umstrukturierungen oder externe Faktoren zurückzuführen. Der Anstieg der Veränderungsrate im April 2012 etwa wird primär durch die Reorganisation des Bundesministeriums der Verteidigung im Rahmen der Neuorganisation der Bundeswehr verursacht. Diese ressortinterne Strukturreform war Bestandteil der Neuausrichtung der Bundeswehr, in deren Folge u.a. die bisherigen Führungsstäbe der Teilstreitkräfte und des Sanitätsdienstes aus der Ministeriumsstruktur herausgelöst und Einheiten des Führungsstabes der Streitkräfte in die Abteilungsstruktur überführt wurden.

Schließlich lassen sich keine klaren Muster erkennen, wonach die ideologische Ausrichtung der Regierungsparteien einen eindeutigen Einfluss auf die Anzahl oder den Wandel der Organisationseinheiten in den Bundesministerien hätte. Stattdessen zeigen sich die Veränderungen in der Gesamtpopulation gleichermaßen unter rot-grünen Bundesregierungen (von 1998 zu 1999) wie auch unter konservativen Bundesregierungen (in 2012). Ebenso sind die Höchstwerte in Veränderungsraten nach verschiedenen Bundestagswahlen beobachtbar, unabhängig davon, welche Parteien in Regierungsverantwortung verbleiben oder gelangen.

Allerdings verweist die wissenschaftliche Debatte darauf, dass konservative Regierungsparteien sich eher in anderen als den hier betrachteten strukturellen Verwaltungsreformen engagieren, etwa in Privatisierung und Outsourcing. Derartige strukturelle Veränderungen der Ministerialverwaltung bleiben in der vorliegenden Analyse unberücksichtigt. Sie haben zudem nur geringfügige Effekte auf die Binnenorganisation der Bundesverwaltung (Peters 2001; Schröter 2007). Eine Ausnahme für den deutschen Fall bildet die Auflösung des Bundesministeriums für Post und Telekommunikation im Dezember 1997 sowie die Privatisierung der Deutschen Bahn im Januar 1994, die eine umfassende Reorganisation im Bundesministerium für Verkehr nach sich zog.

5.4 Veränderungen im Verlauf von Legislaturperioden

Die Befunde zur allgemeinen Veränderungsintensität von 1980 bis 2015 deuten bereits darauf hin, dass der Beginn von Legislaturperioden eine besonders intensive Phase zur Reorganisation der Binnenorganisation von Bundesministerien darstellt (vgl. Abb. 2). Im Anschluss daran ist von besonderem Interesse um welche Arten von Veränderungen es sich hierbei handelt: Werden (vermeintlich weniger brauchbare) Einheiten abgeschafft, neue Einheiten gegründet, bereits bestehende Einheiten behalten aber umbenannt oder aber größere Reorganisationen vorgenommen?

Die folgende Analyse betrachtet daher diese vier Arten von Veränderungen während der Legislaturperioden im Vergleich. Dabei werden die Legislaturperioden unterschieden in (a) jene Legislaturperioden nach Bundestagswahlen ohne Regierungswechsel und (b) jene Legislaturperioden nach Bundestagswahlen mit (anteiligem) Regierungswechsel (also 1983, 1998, 2005, 2009, 2013). Einschränkend muss für die komparative Analyse berücksichtigt werden, dass Legislaturperioden mit vorherigem Regierungswechsel vermehrt in jüngerer Zeit stattfanden (nach den Wahlen in 2005, 2009, 2013) und da seit Beginn der 2000er Jahre die Gesamtpopulation von Organisationeinheiten angestiegen ist, dürften auch die hier gezeigten Erkenntnisse zur Häufigkeitsverteilung der Veränderungen damit zusammenhängen: Je mehr Einheiten, desto mehr potentielle Veränderungen.

Für die Veränderungsereignisse werden vier Ereignistypen unterschieden (siehe Kap. 4.2):

- die Neugründung von Einheiten,
- die Abschaffung von Einheiten,
- die Namensänderung von Einheiten und
- die Reorganisation von Einheiten.

Bei einer Neugründung wird eine Einheit errichtet ohne identifizierbare organisationale Vorläufer. Bei einer Abschaffung hingegen wird die Organisationeinheit ohne direkte organisationale Nachfolger terminiert. Bei einer Namensänderung ändert eine Organisationseinheit ihre Denomination, existiert aber weiter. Bei einer Reorganisation wiederum sind mehrere Organisationseinheiten direkt beteiligt, es handelt sich also um Teilungen, partielle Abspaltungen, Fusionen und partielle Aufnahmen von Organisationseinheiten. Die Verteilung der Anzahl dieser vier Ereignistypen im Verlauf aller Legislaturperioden kann als sog. "density plot"[14] visualisiert werden (siehe Abb. 4).

---

14 Density plots zeigen die Häufigkeitsverteilung im Zeitverlauf. Im Gegensatz zu Balkendiagrammen werden keine Voreinstellungen vorgenommen (keine bestimmte Balkenanzahl). Stattdessen wird die Häufigkeitsverteilung geglättet und als Kurve dargestellt. Die Spitzenwerte zeigen jeweils an, wo sich im Zeitverlauf die Werte (in diesem Fall: Häufigkeiten an Ereignissen) konzentrieren.

Grundsätzlich variiert die Anzahl von Veränderungen über alle Bundesministerien hinweg zwischen einem und maximal 34 Ereignissen zum gleichen Zeitpunkt. Im ersten Jahr nach Bundestagwahlen haben sich insgesamt 1.191 Veränderungen ereignet, im übrigen Verlauf aller Legislaturperioden waren es insgesamt 2.261 Veränderungen. Somit finden ca. 34% aller Veränderungen im ersten Jahr nach Bundestagswahlen statt und immerhin 65% aller Veränderungen werden im Laufe von Legislaturperioden vorgenommen.

Eine genauere Betrachtung der vier Ereignistypen im Vergleich der beiden Arten von Legislaturperioden eröffnet weitere relevante Erkenntnisse. **Neugründungen** stellen den am zweithäufigsten auftretenden Veränderungstyp dar und zeigen für beide Arten von Legislaturperioden ein ähnliches Muster. Die meisten Organisationseinheiten werden demnach im ersten Jahr nach Bundestagwahlen gegründet, minimal weniger nach Wahlen mit (anteiligem) Regierungswechsel (ca. 4,0 pro Monat). Darüber hinaus sind auch in späteren Phasen der Legislaturperioden Konzentrationen in der Anzahl an neugegründeten Organisationeinheiten zu verzeichnen, die auf solche wenigen Monate zurückgehen, in denen insbesondere in einzelnen Ressorts vermehrt neue Einheiten gegründet wurden.

Abb. 4: Veränderungen im Verlauf von Legislaturperioden

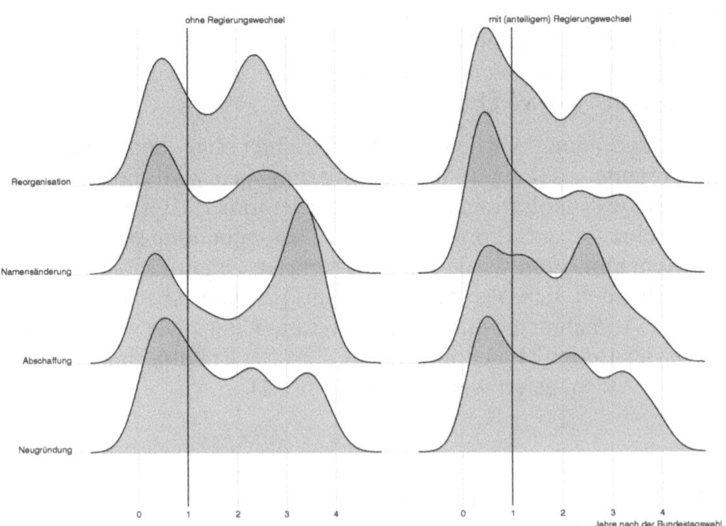

Abschaffungen hingegen treten seltener auf, es finden ca. 3,4 Abschaffungen pro Monat statt. Allerdings unterscheidet sich die Verteilung der Häufigkeiten von Abschaffungen je nach Art der Legislaturperiode: Während sich in Legislaturperioden ohne vorherigen Regierungswechsel die Abschaffung von Organisationseinheiten eher im ersten Jahr nach der Wahl konzentriert, werden nach Bundestagswahlen mit (anteiligem) Regierungswechsel die Organisationeinheiten eher gleichmäßig abgeschafft. Die hohe Konzentration an Abschaffungen zum Ende der Legislaturperioden nach Wahlen ohne Regierungswechsel geht auf einzelne Ressorts zurück, etwa Veränderungen im Bundespostministerium als Folge der ersten Postreform, bei der die Anzahl an Abteilungen und Unterabteilungen deutlich reduziert wurde (41 Abschaffungen) oder Veränderungen im Bundesverteidigungsministeriums im Zuge der Strukturreform in 2012 (42 Abschaffungen).

Namensänderungen stellen die häufigsten Organisationsveränderungen dar, im ersten Jahr nach Wahlen ohne Regierungswechsel finden ca. 5,8 Namensänderungen pro Monat statt, bei Wahlen mit Regierungswechsel allerdings ca. 7,4. Für den restlichen Zeitraum während beider Arten von Legislaturperioden werden ca. 4,6 Namensänderungen pro Monat durchgeführt. Zudem zeigen sich Dynamiken für die beiden Arten von Legislaturperioden im Vergleich: Für Legislaturperioden nach Wahlen ohne Regierungswechsel treten im ersten Jahr die Namensänderungen seltener und vor allem weniger konzentriert auf als im ersten Jahr nach einer Bundestagswahl mit (anteiligem) Regierungswechsel. Für die hohe Konzentration dieser Namensänderungen nach Wahlen mit Regierungswechsel sind allerdings primär neue Ressortzuschnitte verantwortlich, in deren Folge sich Namensänderungen in den beteiligten Bundesministerien häufen (in 1998, 2006 und 2014). Dahingegen ist die Zahl an Namensänderungen im ersten Jahr nach Wahlen ohne Regierungswechsel auf Ressorts zurückzuführen, in denen Ministerinnenwechsel stattfanden, etwa das Bundesinnenministerium (1993).

Reorganisationen hingegen sind die seltenste Veränderung im Vergleich. Auch hier zeigen sich wieder Unterschiede für die beiden Arten von Legislaturperioden: Jene Legislaturperioden nach Wahlen ohne Regierungswechsel zeigen eine leichte Konzentration im ersten Jahr sowie im dritten Jahr nach der Wahl. Der erneute Anstieg der Häufigkeit von Reorganisationen in einer späteren Phase der Legislaturperioden ist im Wesentlichen durch änderungsintensive Monate in zwei Bundesministerien zu erklären: Mitte 1993 haben im Bundesfinanzministerium intensive Reorganisationen in den Bereichen Zoll, Liegenschaften und Steuerwesen stattgefunden und Mitte 2012 wurden diverse Reorganisationen im Zuge der Neustrukturierung des Bundesverteidigungsministeriums vollzogen. Im Vergleich dazu sind die Reorganisationen in Legislaturperioden nach Wahlen mit (anteiligem) Regierungswechsel deutlich stärker im ersten Jahr nach der Wahl konzentriert.

Zusammengefasst stellen Namensänderungen die häufigsten und Reorganisationen die seltensten Veränderungen der Binnenstruktur von Bundesministerien dar. Zudem lässt sich für alle Veränderungsereignisse eine gewisse Konzentration während des ersten Jahres nach Bundestagswahlen konstatieren. Allerdings macht der Vergleich zwischen Legislaturperioden mit und ohne (anteiligem) Regierungswechsel deutlich, dass insbesondere bei kontinuierlicher Regierungszusammensetzung weitere konzentrierte Phasen struktureller Veränderungsereignisse bestehen, insbesondere für Abschaffungen und Reorganisationen (die eher zum Ende dieser Legislaturperioden auftreten). Diese Aktivitäten können teilweise als Ausdruck eines symbolischen Aktionismus gelten (siehe Kap. 2.2), in dessen Folge strukturelle Veränderungen öffentlich als eine neuartige Ausrichtung der Ressourcen deklariert werden, aber eigentlich eher symbolischen Charakter haben. Gleichzeitig bieten diese Veränderungen zum Ende der Legislaturperioden auch "strukturelle Opportunitätsfenster" für eine parteipolitisch motivierte Personalpolitik, die sich um die Versorgung bestimmter Personen mit Positionen in der Linienorganisation der Bundesministerien bemüht.

Schließlich wird deutlich, dass Legislaturperioden mit (anteiligem) Regierungswechsel gemeinhin mehr Strukturveränderungen zeigen als Legislaturperioden ohne eine Änderung der Regierungszusammensetzung. Insbesondere für Neugründungen und Abschaffungen gibt es während dieser Legislaturperioden ein anhaltendes Aktivitätsniveau – was auch als Indiz für parteipolitisch motivierte Anpassungen an die Regierungsorganisation und die formalen Ressourcen und Zuständigkeiten, mithin auch für Abstimmungs- und Koordinationsprozesse, dienen kann.

5.5 Gewinne und Verluste von Ressourcen

In einem nächsten Analyseschritt werden die verschiedenen Typen von Veränderungen im Folgenden auf ihre Implikationen für Ressourcen hin diskutiert. Während aus einigen Veränderungsereignissen neue Organisationseinheiten resultieren, führen andere zur Abschaffung bestehender Organisationseinheiten und eine dritte Gruppe an Ereignissen verändert ausschließlich die Eigenschaften bestehender Einheiten und hat somit keine Auswirkungen auf die Ausstattung und Verteilung von Ressourcen (siehe Abb. 5):

- Ereignisse als *Gewinne von Ressourcen*: Vergrößerung der Ressourcen bei Neugründungen und Fusionen,

- Ereignisse als *Verluste von Ressourcen*: Verringerung der Ressourcen bei Abschaffungen und Teilungen
- "neutrale" Ereignisse *ohne Implikationen für Ressourcen*, z.B. Namensänderung.

Abb. 5: Strukturelle Gewinne und Verluste

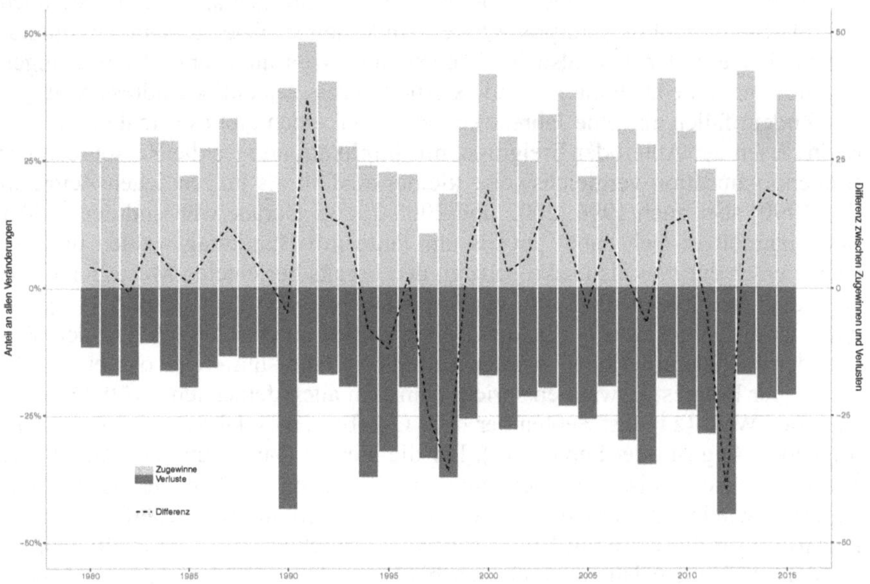

Bemerkung: Die Werte beziehen sich auf jährliche Anteile an Veränderungen (ausschließlich für Ereignisse mit "Gewinnen" und mit "Verlusten") sowie jährliche Differenzen zwischen Zugewinnen und Verlusten.

Während bis 1990 die Summe der Ereignisse mit Gewinnen und Verlusten an Ressourcen gemessen an allen Veränderungsereignissen unter 50% lag, macht ihr kombinierter Anteil seitdem in fast jedem Jahr mehr als die Hälfte aller Ereignisse aus. Mit anderen Worten: Seit den 1990er Jahren treten **mehrheitlich Veränderungen in der Binnenorganisation auf, die auch Auswirkungen auf Ressourcen und Zuständigkeiten haben**. Das ist insofern interessant als dass Veränderungen, die mit der Einrichtung und Abschaffung von Organisationseinheiten einhergehen, potentiell weitreichendere Konsequenzen für die Arbeitsweise der Ministerialverwaltung haben als reine Namensänderungen von bestehenden Organisationseinheiten (also "neutrale" Ereignisse hinsichtlich der Implikationen für Ressourcen). Durch Änderung der Ressourcen verschieben sich üblicherweise Personalzugehörigkeiten, Zuständigkeiten und Aufgaben und es werden Kommunikations- und Abstimmungswege verändert. Im letzten Jahrzehnt müssten sich also auch die Ablauforganisation und die Dienstwege häufiger und damit spürbarer in Folge von Änderungen der Aufbauorganisation geändert haben. Weiterhin ist anzunehmen, dass die diesen Strukturveränderungen vorgelagerten Entscheidungen eher von Interessenskonflikten zwischen und innerhalb politischer und bürokratischer Akteure geprägt sind als die auch rein als Symbolpolitik interpretierbaren Änderungen ohne Ressourcenimplikationen. Insgesamt haben also im Untersuchungszeitraum jene Veränderungen zugenommen, die auch interne und externe Interessenskonflikte adressieren.

Zudem fallen einzelne Jahreswerte auf. Zum einen gibt es offenkundig Jahre, in denen der Anteil der Ereignisse mit Implikationen für die Ressourcen der Binnenorganisation vergleichsweise kleiner ausfällt als im restlichen Zeitraum (bis 1990, aber auch 1996, 2002 und 2005-2006). Gerade während der 2000er Jahre handelt es sich dabei jeweils um Jahre mit Bundestagswahlen und zunächst erscheint dies als Diskrepanz zu den bereits berichteten Mustern an Veränderungsereignissen im Laufe der Legislaturperioden (vgl. Kap. 5.4). Allerdings ist die Jahresbasis der beiden Darstellungen unterschiedlich: Für den Verlauf der Legislaturperioden wurden selbige in Jahre unterteilt, das erste Jahr nach einer Bundestagswahl entspricht demnach auch den ersten zwölf Monaten nach der Wahl (zumeist September oder Oktober eines Jahres bis zum darauffolgenden August oder September). Für die hiesige Darstellung des Anteils der Veränderungsereignisse mit Gewinnen und Verlusten an allen Veränderungsereignissen wiederum wurden die kalendarischen Jahre im Zeitverlauf dargestellt. Die Werte für die Jahre mit Bundestagswahl schließen somit alle zwölf Monate des entsprechenden Jahres ein (Januar bis Dezember desselben Jahres). Zusammengenommen kann daher festgestellt werden, dass Veränderungen nach einer Bundestagswahl offenbar zunächst eher als Namensänderungen und ähnliche "neutrale" Ereignisse ablaufen. Anschließend allerdings treten die Veränderungen mit Implikationen für Ressourcen ein (und komplettieren somit das eher veränderungsintensive erste Jahr nach Wahlen).

Zum anderen gibt es Jahre, in denen viele Ereignisse mit Ressourcenverlusten stattfinden und in deren Folgejahr sich die Anzahl an "gegenläufigen" Ereignissen erhöht, mithin viele Ereignisse stattfinden, die einen Gewinn an Ressourcen zur Folge haben (in 1990-1991 und 2012-2013). In beiden Doppeljahren fanden allerdings auch Bundestagswahlen statt und insofern handelt es sich **weniger um "strukturelle Pendelbewegungen" in der Gesamtpopulation** bzw. der Gesamtschau der Veränderungsereignisse in der Bundesverwaltung. Stattdessen dürften vielmehr die bereits erwähnten Dynamiken im Zeitverlauf von Legislaturperioden für diese Muster verantwortlich sein (siehe Kap. 5.4).

Schließlich zeigt der Kurvenverlauf zur Relation von Gewinnen und Verlusten, dass es im Zeitverlauf und in der Summe viel häufiger und zudem in größerem Ausmaß zu ressourcenvergrößernden Ereignissen als zu verkleinernden Ereignissen kommt. Eine Folge dieser Entwicklung ist der bereits erörterte Anstieg der Anzahl von Organisationseinheiten, also einer longitudinal zunehmenden **Ausdifferenzierung der Aufbauorganisation der Ministerialverwaltung**. Diese formale Ausdifferenzierung durch die Errichtung weiterer Organisationseinheiten kann eine Zunahme an Ressourcen und bürokratischer Expertise innerhalb der Ministerialverwaltung nach sich ziehen. Sie kann aber auch auf eine zunehmende Anzahl und Vielfalt an Aufgaben oder eine Ausdifferenzierung bereits bestehender Zuständigkeiten hindeuten. Interessant an dieser strukturellen Ausdifferenzierung in den letzten Jahren ist auch, dass selbige bislang innerhalb einer konstanten Anzahl von bestehenden Bundesministerien abgebildet wird.

Somit ist insbesondere in den letzten Jahren des betrachteten Untersuchungszeitraums eine **gleichzeitige Ausdifferenzierung der Ministerialverwaltung und Zunahme an ressourcenverändernden Strukturveränderungen** (im Verhältnis zu neutralen Veränderungen) erfolgt. Dies kann im Sinne der *Agendatheorie* als zunehmendes Interesse gedeutet werden, die Inhalte des verbreiterten Aufmerksamkeitsrasters der Ministerialverwaltung zu verändern. Eine weitere mögliche Schlussfolgerung aus dieser Entwicklung ist, dass die Bedeutung der formalen Organisationsstruktur und der mit ihr eingehenden Ressourcen- und Aufmerksamkeitsverteilung zugenommen hat. Aus Sicht der *Theorie der strukturellen Wahl* wiederum sind diese Befunde nicht eindeutig als Ausdruck parteipolitischer Kalküle interpretierbar. Über die Legislaturperioden hinweg ist der Anteil von ressourcenverändernden Strukturveränderungen während der Legislaturperioden (bis auf 1983-1987) höher als während der Jahre nach einem (anteiligen) Regierungswechsel. Allerdings ist dieser Unterschied nicht besonders groß (im Durchschnitt beträgt er drei Prozentpunkte) und diese Legislaturperioden fallen zum größten Teil auf das letzte Jahrzehnt unserer Untersuchung (2005-2015), sodass sich diese Entwicklung auch auf eine allgemeine Veränderung der politischen Umwelt der Ministerialverwaltung im Zeitverlauf, beispielsweise eine höhere oder komplexere Problemdichte, oder der bereits erwähnten allgemein höheren politischen Bedeutungszuschreibung von Organisationsstruktur durch zentrale Akteure zurückführen ließe.

5.6 Zwischenfazit

Eine Betrachtung der allgemeinen Dynamiken der formalen Binnenorganisation der Bundesministerien verdeutlicht, dass selbige aus einem relativ stabilen Grundgerüst besteht (welches aber eine stärkere Volatilität auf den unteren hierarchischen Ebenen erfährt) sowie aus einer Vielzahl weiterer "unorthodoxer" Organisationseinheiten, deren Anteil im Zeitverlauf von 1980 bis 2015 deutlich zugenommen hat. Daraus ergibt sich eine Ausdifferenzierung der Bundesverwaltung, und zwar nicht nur mit Blick auf die korrespondierenden Aufgaben und Zuständigkeiten, sondern auch und insbesondere hinsichtlich der "strukturellen Lösungen" zur Ausführung dieser Funktionen. Mit anderen Worten: Die Binnenstruktur der Bundesministerien wird fragmentierter und dabei gleichzeitig flexibler, weil zunehmend Einheiten neuartigen Typus errichtet werden, anstatt auf das Grundgerüst zurückzugreifen.

Gleichzeitig weist die Veränderungsrate in den Bundesministerien darauf hin, dass sich viele strukturelle Veränderungen in den Bundesministerien unmittelbar nach Bundestagswahlen ereignen. Diese sind zwar häufig "strukturelle Nachwehen" von veränderten Regierungszusammensetzungen, aber auch bei kontinuierlicher Zusammensetzung der Bundesregierung finden solche Veränderungen statt, insgesamt lassen sich diese Dynamiken bis zu ein Jahr nach Wahlen beobachten. Allerdings finden auch im Verlauf der Legislaturperioden regelmäßige strukturelle Anpassungen statt, wenngleich dann verstärkt in einzelnen Häusern. Nicht selten stellt ein Wechsel der Ministerin während der Legislaturperiode das Gelegenheitsfenster für solche strukturellen Veränderungen dar. Zudem lassen sich in einzelnen Ressorts auch änderungsintensive Phasen zum Ende der Legislaturperiode beobachten, die mit internen Organisationsreformen begründet werden, aber auch personalpolitischen Motive folgen können.

Eine genauere Analyse der Arten von Veränderungsereignissen zeigt, dass die häufigste strukturelle Änderung in den Bundesministerien die Veränderung der formalen Denomination von Organisationseinheiten darstellt, obschon auch regelmäßig Einheiten neu errichtet oder abgeschafft werden, eher seltener finden größere Reorganisationen statt.

Schließlich wird in der Bewertung dieser verschiedenen Veränderungsereignisse mit Blick auf formale Ressourcen und Zuständigkeiten gewahr, dass die deutsche Ministerialverwaltung sich im Zeitverlauf stärker ausdifferenziert und dass eher neue Ressourcen errichtet werden als alte abzuschaffen. Damit geht nicht zwangslogisch eine reale Steigerung der Anzahl der Beschäftigten einher, stattdessen werden (neue) Aufgaben in neuen Organisationseinheiten ausdifferenziert oder aber es werden strukturelle Innovationen genutzt, die zunächst eher temporär eingesetzt werden und somit über keine organisatorischen

Vorläufer verfügen. Diese Projektgruppen, Stäbe, Stellen und weitere Organisationseinheiten sind inzwischen ein elementarer Bestandteil der Bundesverwaltung und bergen gleichzeitig Vorteile der flexibleren Aufgaben- und Ressourcenzuteilung, aber auch Herausforderungen mit Blick auf ihre Rolle in formalen Abstimmungsprozessen und ihre Einbindung in die bestehende bürokratische Ablauforganisation.

6. Strukturelle Dynamiken im Vergleich der Bundesministerien

Im folgenden Kapitel soll die Binnenorganisation der Bundesministerien mit Blick auf Gemeinsamkeiten und Unterschiede zwischen den Portfolios betrachtet werden. Hierbei lassen sich sektorale Dynamiken beobachten, die Pfadabhängigkeiten widerspiegeln aber auch durch externen Druck ausgelöst werden können. Der bundesdeutsche Fall ist besonders für eine solche Betrachtung geeignet, weil der Ressortzuschnitt, mithin die Verteilung und Zuständigkeiten der Bundesministerien selbst, vergleichsweise stabil geblieben ist und somit interministerielle Veränderungen seltener auftreten als in anderen europäischen Regierungsorganisationen.

6.1 Zur Relevanz von Portfolios für Strukturveränderungen

Für die genauere Analyse der Veränderungsdynamiken in den einzelnen Portfolios werden auch die vorherigen Erkenntnisse berücksichtigt, wonach sich die Jahre innerhalb von Legislaturperioden unterscheiden. Dementsprechend wird die jährliche Veränderungsrate explizit danach unterschieden, ob dieses Jahr nach einer Bundestagswahl oder aber innerhalb der laufenden Legislaturperioden stattfand (siehe Abb. 6).

Eine nähere Analyse liefert diverse sektorale Erkenntnisse zu Stabilität und Wandel der Bundesministerien im Zeitverlauf. Erstens fällt auf, dass es in allen Portfolios (außer Justiz, Inneres und Finanzen) einzelne Jahre gibt, in denen besonders viele Organisationseinheiten verändert werden und die sich eindeutig von den sonstigen Jahreswerten unterscheiden. Für alle diese Fälle (außer Verteidigung und Auswärtiges) treten die **höchsten Veränderungsraten in Jahren mit Bundestagswahlen** auf. In einigen Portfolios sind auch die zweithöchsten Aktivitätsraten in Wahljahren zu verzeichnen, etwa in den Portfolios Bildung und Forschung, Familie und Gesundheit. Dieses Ergebnis bestätigt die Relevanz von Wahlzyklen für die strukturelle Volatilität der Bundesministerien.

Abb. 6: Veränderungsrate pro Portfolio

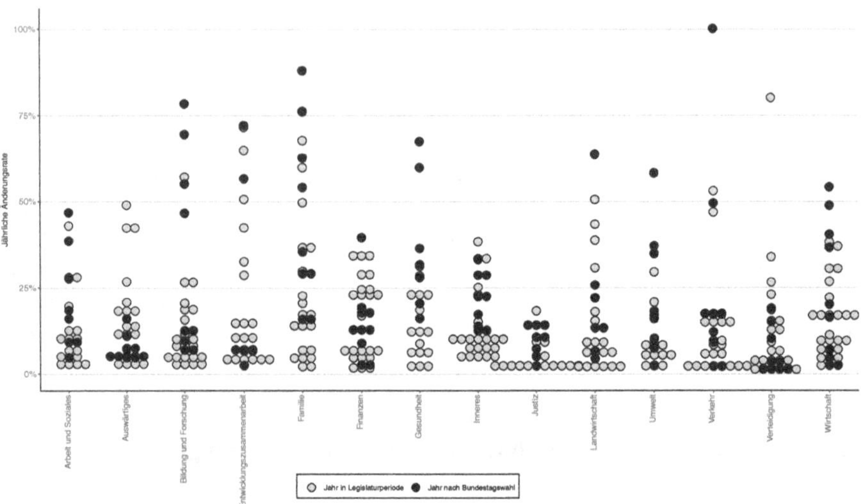

Bemerkung: Die Veränderungsrate wurde als Summe aller täglichen Veränderungsrate pro Jahr ermittelt, die Werte sind auf 100% skaliert.

Eine genauere qualitative Auswertung der zugrundeliegenden Dokumente verdeutlicht, dass einige dieser intensiven Veränderungen auch mit **neuen Ressortzuschnitten** bzw. der Aufspaltung und Zusammenfassung von Bundesministerien in diesen Geschäftsbereichen zusammenhängt. So ist das veränderungsintensivste Jahr im Bereich Familie (1991) zugleich auch das zweitintensivste Veränderungsjahr im Bereich Gesundheit, für beide Portfolios hat dies mit der Teilung des Bundesministeriums für Jugend, Familie, Frauen und Gesundheit nach der Bundestagwahl 1990 in zwei Bundesministerien im Portfolio Familie (Familie und Senioren; Frauen und Jugend) und dem gegründeten Bundesgesundheitsministerium zu tun (BKOrgErl 1991; BKOrgErl 1991-01). Die umfangreichen Verschiebungen von Zuständigkeiten in Folge dieser Umressortierung veranlassten binnenorganisatorische Strukturveränderungen. Auch die Gründung des Bundesministeriums für Wirtschaft und Technologie (1998) und die Abschaffung des 2002 gegründeten "Superministeriums" für Wirtschaft und Arbeit nach der Bundestagwahl 2005 hatte Implikationen für die binnenorganisatorische Veränderungsrate und erklärt warum diese in den genannten Jahren höher ist als in den anderen Jahren. Ebenso ist die Fusion des Bundesverkehrsministeriums mit dem bisherigen Bundesministerium für Raumordnung, Bauwesen und Städtebau in 1998 für die hohe Veränderungsrate im Portfolio Verkehr verantwortlich (BKOrgErl 1998).

Allerdings gehen bei weitem nicht alle änderungsintensiven Jahre nach Bundestagwahlen auf veränderte Ressortzuschnitte zurück. So ist etwa die höchste Veränderungsrate im Portfolio Bildung und Forschung in 2005 auf Strukturveränderungen zurückzuführen, die nach dem Wechsel der politischen Hausspitze vorgenommen wurden. Die Übernahme des zuvor von der SPD geführten Bildungsministeriums durch die CDU war demnach Auslöser für mehrere strukturelle interne Anpassungen.

Jene Portfolios, bei denen zugleich mehrere höchste Veränderungsraten während der Legislaturperiode stattfinden (Auswärtiges und Verteidigung), stellen in mindestens zweierlei Hinsicht Sonderfälle dar. Zum einen sind in beiden Ressorts umfänglichere interne Reformen durchgeführt worden, die auch zu ihrer strukturellen Volatilität während Legislaturperioden beitragen (darunter im Auswärtigen Amt: die sog. Pleugerschen Reformen 2001, im Bundesverteidigungsministerium: die Strukturreform in 2012). Zum anderen könnten **politikfeldspezifische Dynamiken** im Bereich Außen- und Sicherheitspolitik herangezogen werden. Beide Portfolios sind stärker als andere Politikbereiche externen Einflüssen ausgesetzt, wie bspw. internationalen Krisen und Konflikten, aber gleichzeitig auch deutlich in supranationale Strukturen eingebunden (in der EU, NATO etc.). Als Konsequenz wurden in den zuständigen Ressorts deutlich häufiger als in anderen Ressorts anlassbezogen temporäre Organisationeinheiten eingerichtet (bspw. für internationale Präsidentschaften, für Krisenregionen, für das Weißbuch), die die Veränderungsrate jenseits von Bundestagswahlen beeinflussen. Auch wenn sich das veränderungsintensivste Jahr im Bereich Entwicklungszusammenarbeit nach einer Bundestagswahl ereignete, ist auch dieses Portfolio in ähnlicher Weise durch internationale Agenden und Projekte geprägt (bspw. Milleniums-Entwicklungsziele, Armutsbekämpfung).

Zweitens lassen sich die **Spannweiten der Veränderungsraten in zwei Gruppen** einteilen. In der einen Gruppe befinden sich jene Portfolios, deren Veränderungsraten recht stark divergieren und die somit eine weite Spannweite aufweisen. Mit anderen Worten: In diesen Ressorts sind die jährlichen Veränderungen im Zeitverlauf sehr unterschiedlich. In der anderen Gruppe wiederum befinden sich jene Portfolios, deren Spannweite sich stärker konzentriert und in der demnach viele Jahreswerte identisch oder zumindest sehr ähnlich ausfallen, mithin die Veränderungsintensität im Zeitverlauf eine starke Kontinuität aufweist, aber dennoch einzelne Ausnahmejahre zu beobachten sind. Zur ersten Gruppe der stark volatilen Portfolios zählen: Bildung und Forschung, Entwicklungszusammenarbeit, Familie sowie (etwas weniger ausgeprägt) Gesundheit, Landwirtschaft, Umwelt und Wirtschaft. Zur zweiten Gruppe der eher stabilen

Portfolios zählen: Arbeit und Soziales, Auswärtiges Amt, Finanzen, Inneres, Justiz, Verkehr und Verteidigung.

Es fällt auf, dass die zweite Gruppe alle Portfolios mit Verfassungsrang beinhaltet, die bereits auf Ebene der Ressorts eine stärkere Stabilität aufweisen, weil sie von jeder Bundesregierung eingerichtet werden müssen (vgl. Kap. 3). Neben diesen Portfolios Finanzen, Justiz,[15] und Verteidigung sind in dieser Gruppe weitere "klassische" Portfolios vertreten, etwa das Auswärtige Amt und das Bundesinnenministerium. Dass auch die Bereiche Arbeit und Soziales sowie Verkehr zu dieser stabileren Gruppe der Portfolios mit geringeren und kontinuierlicheren Veränderungsraten zählen, kann auf weitere politikfeldspezifische Einflüsse hindeuten. Im Vergleich zu volatileren Bereichen weisen diese beiden Politikfelder womöglich stabilere Akteurskonstellationen außerhalb der Ministerialverwaltung auf und es sind somit weniger Strukturveränderungen vonnöten, um neue Zugangspunkte für neue Akteure im Politikfeld zu schaffen. Gleichzeitig mag auch die politische Agenda der jeweiligen Bundesregierungen in diesen beiden Politikbereichen weniger volatil ausfallen bzw. gerade im Bereich Arbeit und Soziales werden die veränderten Politikinhalte vermehrt in der Fortschreibung bestimmter größerer Gesetzestexte vorgenommen (etwa Sozialgesetzbuch), die aber nicht zwingend einer neuen strukturellen Begleitung innerhalb der zuständigen Ressorts im Zeitverlauf bedürfen, um neue Schwerpunkte zu setzen.

Im Vergleich dazu sind die volatileren Bereiche wie Bildung, Familie, Gesundheit oder Umwelt stärkeren Veränderungen im weiteren Politikfeld ausgesetzt und zwar in beiderlei Hinsicht: Es sind veränderte Akteurskonstellationen zu beobachten und gleichzeitig teils deutliche Politikwechsel vonstatten gegangen, die wiederum strukturelle Änderungen vorausgesetzt oder aber initiiert haben (vgl. Eckardt 2018).

6.2 Typen von Veränderungen pro Portfolio

Neben den allgemeinen Veränderungsraten ist auch die Verteilung der Arten von Ereignissen im Vergleich der Portfolios von Interesse: Welche Strukturereignisse sind in welchen Portfolios besonders häufig und besonders selten aufgetreten – auch und gerade mit Blick auf ihre Implikationen für Ressourcen? Nahezu alle Portfolios existieren über den gesamten Zeitraum der Untersuchung hinweg (wenngleich teils durch unterschiedliche Ressorts, vgl. Kap. 4.4) und vermitteln so genügend regelmäßige Jahresdurchschnittswerte für die Be-

15 Bei Justiz kommt hinzu, dass es durch die verkürzte Denomination von Einheiten kaum Spielraum für Namensänderungen gibt anhand derer sich Veränderungen identifizieren lassen.

rechnung der Veränderungsrate. Für diese Darstellung werden zwei Arten von Veränderungsereignissen gegenübergestellt: Jene Ereignisse mit Ressourcenimplikationen (Errichtungen, Abschaffungen, Reorganisationen) und die Namensänderungen, die keine Implikationen für Ressourcen zeitigen (siehe Abb. 7).

Der Durchschnittswert über alle Portfolios und Jahre hinweg liegt für Veränderungen mit Ressourcenimplikationen bei 14% (Median bei 10%) und für Namensänderungen bei 11% (Median bei 7%). Durchschnittlich sind also innerhalb eines Jahres an Tagen, an denen Veränderungen stattfinden, 14% aller Einheiten von Änderungen mit Ressourcenimplikationen und 11% aller Einheiten von Namensänderungen betroffen. Auch für weitere Verteilungswerte, wie den Minimal- und Maximalwert, sind die Unterschiede zwischen beiden Veränderungstypen nicht sonderlich groß.[16]

Abb. 7: Veränderungsrate nach Ereignistyp pro Portfolio

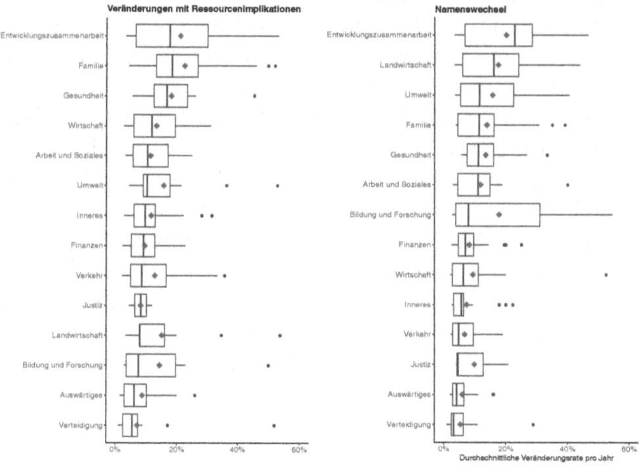

Bemerkung: Die Abbildung basiert auf täglichen Veränderungsraten, sortiert in absteigender Höhe des Medianwertes (dargestellt als vertikaler Strich in der Box, das arithmetische Mittel wird als graues Karo abgebildet). Die Portfolios "Innerdeutsche Beziehungen" und "Post" sind nicht Bestandteil dieser Analyse.

16 Da qua Definition bei einigen der Veränderungsereignissen mit Ressourcenimplikationen mehrere Einheiten betroffen sind (eine Fusion zum Beispiel liegt vor, wenn zwei Einheiten zu einer neuen Einheit zusammengelegt werden, womit bereits drei Einheiten als betroffen gelten), erklärt die Analyselogik einen Teil der höheren Werte bei diesem Veränderungstyp.

Mit Blick auf die Portfolios hingegen werden deutliche Unterschiede hinsichtlich der Höhe und Verteilung der Veränderungsraten, aber auch zwischen den beiden Ereignistypen sichtbar. Grundsätzlich befindet sich bei fast allen Portfolios die Mehrheit der täglichen Veränderungsraten bei unter 12%. Zudem streuen diese Veränderungsraten recht ungleichmäßig, das heißt, es lassen sich für nahezu jedes Portfolio einzelne Höchstwerte mit sehr veränderungsintensiven Jahren identifizieren. Diese Höchstwerte schwanken zwischen 20% und 60% und führen in einigen Fällen zu einem stark vom Median abweichenden Mittelwert. Zum Beispiel ist der Mittelwert für Veränderungen mit Ressourcenimplikationen im Portfolio Landwirtschaft stark von zwei vergleichsweise hohen Veränderungsraten in 2001 und 2010 beeinflusst.

Die Betrachtung der **Veränderungsraten zwischen den beiden Ereignistypen pro Portfolio** lässt deutliche Unterschiede erkennen. Für einige Portfolios lassen sich sehr ähnlich hohe Veränderungsraten für Ereignisse mit und ohne Ressourceneffekten identifizieren. Diese Bereiche wurden bereits als hoch volatil identifiziert, es handelt sich um die Ressorts in den Bereichen Familie, Gesundheit, Umwelt (vgl. Kap. 6.1). Mit anderen Worten: Die hohe strukturelle Flexibilität und Veränderungsrate in diesen Ressorts stammt demnach von allen Arten von Veränderungen, die mit und ohne Implikationen für die jeweiligen Ressourcen stattfinden. Allerdings gibt es auch weitere Ressorts mit hoher Volatilität, die deutlich häufiger von einer Art Veränderungsereignis bestimmt wird: Während im Bereich Wirtschaft die dazugehörigen Ressorts im Zeitverlauf zwar veränderungsintensive Jahre mit Ereignissen erfahren, nach denen sich Ressourcen ändern, werden vergleichsweise seltener Änderungen ohne Ressourcenimplikationen (als reine Namensänderungen) vorgenommen. Beides zusammen allerdings führt zur bereits beschriebenen Zuordnung der Ressorts im Bereich Wirtschaft zur Gruppe der eher stabilen Portfolios. Ähnlich aber insgesamt mit etwas weniger Diskrepanz werden im Bundesinnenministerium häufiger Veränderungen mit Ressourceneffekten vorgenommen und seltener Veränderungen als reine Namenswechsel, zusammen hingegen führen diese Dynamiken zur Einsortierung in die stabileren Portfolios. Umgekehrt werden im Bereich Landwirtschaft im Zeitverlauf weniger Änderungen mit Ressourcenimplikationen vorgenommen und vergleichsweise mehr Änderungen ohne derartige Effekte auf Ressourcen (nämlich reine Namensänderungen). Ebensolche Dynamiken, wenngleich wieder mit etwas weniger Diskrepanz zwischen den beiden Arten von Veränderungsereignissen, lassen sich für die Ressorts in den Bereichen Bildung und Forschung sowie im Bereich Umwelt attestieren. Für diese Ressorts führen die beschriebenen strukturellen Dynamiken in Summe zur Einsortierung der Ressorts in die Gruppe der volatilen Ressorts. Diese Einsortierung spiegelt wider, dass Namensänderungen generell häufiger auftreten als alle anderen Arten von Veränderungen (vgl. Kap. 5.5).

Daneben gibt es Varianz zwischen den Portfolios hinsichtlich des direkteren Vergleichs der jeweiligen Verteilung der Veränderungsraten nach Ereignistyp. Hierfür liefert das Portfolio Bildung und Forschung ein interessantes Beispiel: Als eine von vier Ausnahmen[17] ist hier in der Mehrzahl der Fälle die Veränderungsrate bei reinen Namensänderungen höher als bei Veränderungen mit Ressourcenimplikationen. Zudem ist die Verteilung der Raten für Namensänderungen gleichmäßiger verteilt und erstreckt sich über eine größere Spanne von Werten. In diesem Portfolio, und das ist eine Ausnahme, werden also in größerer Intensität und Häufigkeit Denominationen von Einheiten geändert als anderswie strukturell verändert (was Ressourcenverschiebungen nach sich ziehen würde). Hierbei mag das Politikfeld relevant sein: Im Bereich Bildung und Forschung mögen die Begrifflichkeiten und Inhalte aus dem Politikfeld sich direkter und schneller in den Namen der Organisationseinheiten im Ministerium widerspiegeln und somit Namensveränderungen anteilig und im Schnitt häufiger vorkommen als Veränderungen mit Strukturimplikationen.

Schließlich gibt es weitere **Unterschiede in der Verteilung der jeweiligen Veränderungsraten zwischen den Portfolios**. Vergleicht man beispielsweise die Veränderungsraten der Portfolios Entwicklungszusammenarbeit und Verteidigung, die für beide Veränderungstypen jeweils den höchsten bzw. niedrigsten Median aufweisen, werden klare Unterschiede deutlich. Das Portfolio Entwicklungszusammenarbeit weist breit und recht regelmäßig verteilte durchschnittliche Veränderungsraten pro Jahr auf, die sich zwischen 3% und 60% bewegen. Die Veränderungsraten im Portfolio Verteidigung hingegen sind zum größten Teil und damit in den meisten Jahren sehr gering – der Median liegt bei 3% (Namensänderungen) bzw. 6% (Veränderungen mit Ressourcenimplikationen) -, mit einigen wenigen, dann aber verhältnismäßig sehr hohen Ausnahmen: in diesen wenigen Jahren waren extrem viele Einheiten von Veränderungen betroffen. Beide Portfolios eint allerdings, dass sich diese Verteilungsstruktur über die beiden Typen von Veränderungen hinweg sehr ähnelt. Soll heißen: Die Verteilung der Veränderungsraten weist über die zwei Veränderungstypen hinweg ähnliche Strukturen auf, unterscheidet sich aber zwischen den Portfolios. In gleicher Weise gilt dies auch für die Portfolios Auswärtiges, Inneres, Familie, Gesundheit und Arbeit & Soziales. Dies könnte dafür sprechen, dass in diesen Portfolios die beiden Veränderungstypen in ähnlicher Weise und ähnlicher Intensität eingesetzt werden.

Zusammengefasst unterscheidet sich die Veränderungsintensität strukturellen Wandels in ihrer Gesamtheit recht schwach zwischen den beiden Verände-

17 Die anderen Portfolios, bei denen der Median bei Namensänderungen höher als bei Veränderungen mit Ressourcenimplikationen ist, sind: Arbeit & Soziales, Entwicklungszusammenarbeit, Landwirtschaft und Umwelt.

rungstypen (Namensänderungen versus Veränderungen mit Ressourcenimplikationen), es gibt aber deutliche Unterschiede zwischen den Portfolios. Insgesamt liefern diese Ergebnisse erste Indizien für die Relevanz und Notwendigkeit einer weitergehenden portfoliospezifischen Erklärung von strukturellem Wandel innerhalb der Ministerialorganisation.

Die strukturelle Relevanz des Dienstsitzes

Eine Besonderheit der bundesdeutschen Ministerialorganisation ist die Existenz von ersten Dienstsitzen in Bonn und Berlin, die Auswirkungen auf die Aufbau- und Ablauforganisation hat und zur strukturellen Volatilität der Bundesministerien beiträgt. Ein Vergleich der Population jener Einheiten, die ihre Aufgaben in Bonn und Berlin bzw. ausschließlich in Berlin wahrnehmen zeigt deutliche longitudinale Dynamiken (siehe Abb. 8).

Grundsätzlich haben sich die Anteile dieser Organisationseinheiten an der Gesamtzahl der Einheiten in ihrem jeweiligen Portfolio zwischen 2002 und 2015 deutlich erhöht. Die **größten Anstiege** weisen dabei die Portfolios für Arbeit sowie für Gesundheit (für Einheiten mit Aufgabenerledigung in Bonn und Berlin) und die Portfolios für Verteidigung und Familie auf (für Einheiten mit Aufgabenerledigung ausschließlich in Berlin). Diese Muster entsprechen nur teilweise den formalen Vorgaben des Bonn-Berlin-Gesetzes (siehe auch Kap. 4.4). Während die Bundesministerien für Arbeit und Verkehr auch zu den Portfolios mit erstem Dienstsitz in Berlin gehören, sind die anderen beiden Portfolios mit ihrem ersten Dienstsitz in Bonn angesiedelt. Zudem gibt es wenige Portfolios, bei denen der Anteil der Einheiten mit einer Aufgabenerledigung in Berlin von 2002 bis 2015 gesunken ist (Verkehr, Gesundheit und Umwelt). Zwei dieser drei Portfolios haben gleichzeitig die Einheiten mit Erledigungsort in Bonn und Berlin erhöht, mithin also eher eine gemischte Aufgabenwahrnehmung etabliert, als sich aus der Bundeshauptstadt Berlin zurückgezogen. Zudem ist bei allen drei Portfolios eine gewisse Reduktion der Gesamtzahl der Organisationseinheiten zu konstatieren, die sich auch auf die Werte bezüglich des Anteils an Einheiten in Berlin ausgewirkt haben dürfte.

Abb. 8: Anteil der Einheiten pro Dienstort

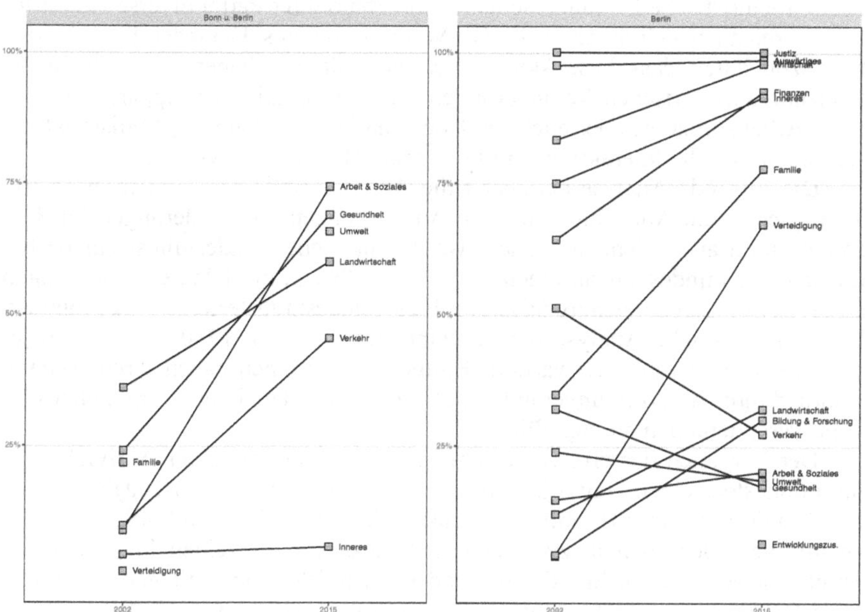

Die "strukturelle Handschrift" von Bundesministerinnen

Viele Veränderungen der formalen Binnenstruktur der Bundesministerien ereignen sich nach Wechseln der Bundesministerinnen, entweder nach Wahlen (und im Zusammenhang mit neuen Ressortzuschnitten) oder aber während Legislaturperioden. Dies wirft die Frage auf, ob einzelne Bundesministerinnen bestimmte "strukturelle Strategien" verfolgen und sich systematische Muster identifizieren lassen, die womöglich auch mit individuellen Merkmalen der Bundesministerinnen in Verbindung gebracht werden können (Fleischer 2018).

Das deutsche Bundeskabinett gilt im internationalen Vergleich als relativ stabil, Rücktritte sind selten und Umressortierungen während der Legislaturperioden sind nicht Bestandteil der Regierungsführung (etwa im Vergleich zum britischen System der "cabinet reshuffles", siehe Kam/Indridason 2005). Neben dieser Konstanz in der Zusammensetzung des Bundeskabinetts sind sich auch die Personen, die ein Ministeramt auf Bundesebene erhalten, ähnlicher als in anderen westlichen Demokratien, dies zeigt sich im deutschen Fall bereits für den Pool der ministeriablen Kandidatinnen (siehe Fleischer/Seyfried 2015). So sind Bundesministerinnen zumeist männlich, mittleren Alters und verfügen über eine juristische Bildung, sie haben innerhalb ihrer Partei diverse Ämter inne und zeichnen sich durch exekutive Vorerfahrung aus. Demnach ist es plausibel anzunehmen, dass diese Akteure Vorwissen darüber haben, wie sich welche binnenorganisatorischen Veränderungen ihres bürokratischen Apparats auf interne Arbeitsprozesse aber auch die Koordination innerhalb der Ministerialverwaltung sowie die Interaktionen mit externen Akteuren auswirken.

Die folgende Analyse betrachtet die Änderungsrate pro Ministerin ab 100 Tage nach ihrem Amtsantritt, um die Auswirkungen von Änderungen im Ressortzuschnitt auszublenden. Zudem werden nur jene Bundesministerinnen betrachtet, die mindestens an einem Tag innerhalb von zwei Jahren Änderungen an der jeweiligen Binnenorganisation ihres Bundesministeriums vorgenommen haben. Eine solche Analyse der Amtsinhaberinnen von 1980 bis 2015 zeigt, dass die Veränderungsrate variiert. Einige Ministerinnen haben ihren Apparat während ihrer Amtszeit unverändert gelassen und andere haben vergleichsweise viele Veränderungen durchgeführt.

Der Vergleich der drei Bundesministerinnen mit geringster Aktivität (d.h. mit mindestens einem Tag mit Änderungen in zwei Jahren Amtszeit)[18] und den drei Bundesministerinnen mit der höchsten Aktivität (d.h. mindestens zehn Tage mit Veränderungen in zwei Jahren Amtszeit) zeigt keinen longitudinalen Trend (siehe Abb. 9). Stattdessen sind die Ministerinnen mit geringster und höchster Aktivität auf unterschiedliche Legislaturperioden verteilt. Ebenso lässt sich kein eindeutiger sektoraler Trend erkennen: Zwar ist das Justizministerium unter den inaktivsten Ministerinnen, aber der dortigen Binnenorganisation kommen besondere Merkmale zu, nicht zuletzt die vergleichsweise kurzen Denominationen der Organisationseinheiten, die wiederum als zentrale Identifikation zur Analyse von Änderungen dienen. Der höchste Wert unter einer Familienministerin ist demnach auch eher durch eine komplette Änderung aller Denominationen der Organisationseinheiten in 2001 begründbar als durch eine besondere Attitude oder Präferenz für strukturelle Anpassungen der entsprechenden Amtsinhaberin.

18 Die Analyse ignoriert jene Amtsinhaberinnen, die keine Veränderungen vorgenommen haben.

Abb. 9: Veränderungsrate von Ministerinnen

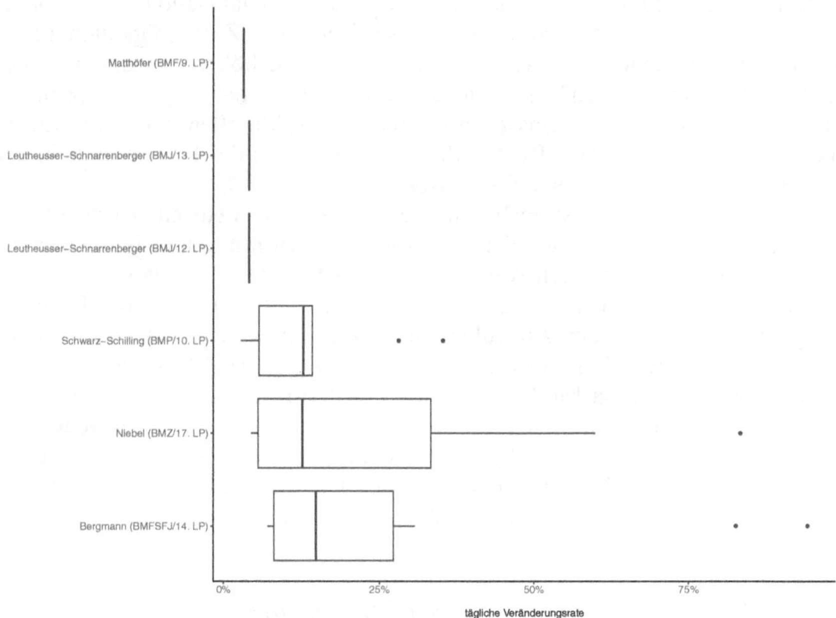

Bemerkung: Die Veränderungsrate beschreibt die Anzahl der Einheiten pro Tag, die von Änderungen betroffen waren, im Verhältnis zur Gesamtanzahl an Einheiten. In die Berechnung fließen nur Tageswerte über 0% ein.

6.3 Die Binnenorganisation des Bundeskanzleramts

Die Binnenorganisation des Bundeskanzleramts folgt in vielerlei Weise den formalen Strukturen und Dynamiken der Bundesministerien. Zum Beginn des Untersuchungszeitraums verfügte die Regierungszentrale über fünf Abteilungen, die seit der deutlichen Vergrößerung des Kanzleramts und stärkeren Spezialisierung auf die Zuständigkeiten der Fachministerien unter Willy Brandt bestanden (Knoll 2004: 178; Müller-Rommel 1994: 119; Fleischer 2011). Zum Ende des Untersuchungszeitraums existieren sieben Abteilungen, die größte strukturelle Innovation bestand dabei in der Neugründung der Europaabteilung unter der rot-grünen Bundesregierung sowie die zyklische Steigerung bzw. Verringerung der Beauftragten im Bundeskanzleramt für diverse Themengebiete im gesamten Zeitverlauf.

Entsprechend der vergleichsweise geringen eigenen fachlichen Zuständigkeiten des Bundeskanzleramts finden sich in dessen Binnenorganisation, neben Organisationseinheiten zur Wahrnehmung dieser genuinen Zuständigkeiten (etwa zur Aufsicht der Geheimdienste), eine vergleichsweise höhere Anzahl an so genannten "Spiegeleinheiten", die mit der Koordination der Regierungszentrale mit den Fachministerien befasst sind. Aus der strukturellen Volatilität dieser Spiegeleinheiten lassen sich Rückschlüsse auf die Rolle des Kanzleramts in der Regierungsorganisation ziehen (siehe Abb. 10).

Zunächst fällt auf, dass insbesondere im Zuge der deutschen Einheit alle Spiegeleinheiten verändert worden sind - wenngleich mit unterschiedlicher Intensität. Daneben zeigen sich weitere Jahre mit besonders intensiver Veränderung der Spiegelstruktur der Regierungszentrale, etwa zu Beginn des Untersuchungszeitraums nach der Amtsübernahme Helmut Kohls (1982-1983) oder nach der Amtsübernahme Gerhard Schröders (1998-1999) sowie nach der Amtsübernahme Angela Merkels (in 2006). Allerdings scheint im Zeitverlauf die Veränderungsintensität insgesamt abzunehmen, erneut mag dies aber auch damit zusammenhängen, dass der Untersuchungszeitraum im zehnten Jahr der Kanzlerschaft Angela Merkels endet und sich nach dem identifizierten Muster die nächsten größeren Änderungen wohl erst bei der Nachfolgerin Merkels erwarten lassen.

Abb. 10: Veränderungsrate der Spiegeleinheiten im Bundeskanzleramt

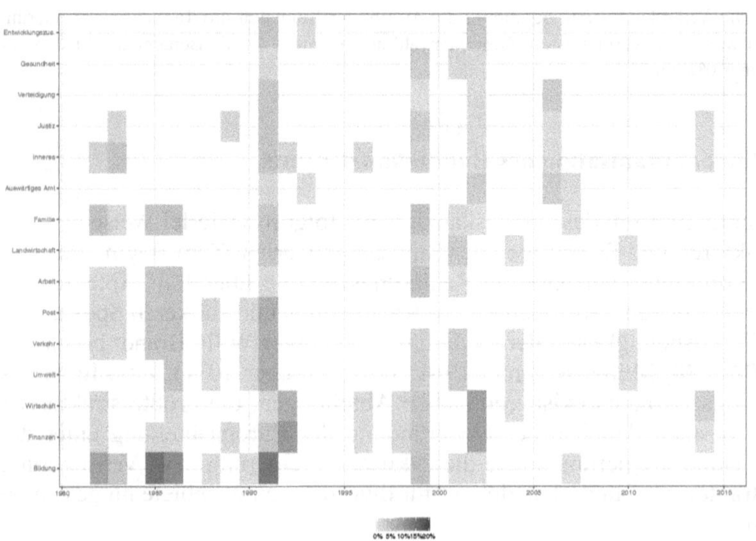

Im Vergleich lassen sich die Höchstwerte für Portfolios im Bereich Bildung verzeichnen (allerdings nur bis 1991), was insbesondere mit der Anzahl der verschiedenen Bundesministerien zusammenhängt, die für dieses Portfolio in diesem Zeitraum zuständig waren (vgl. Tabelle 2). Dahingegen ist die höhere Veränderungsintensität für Einheiten mit Zuständigkeiten in den Portfolios Wirtschaft und Finanzen bis Ende der 1990er Jahre mit den Zuständigkeiten und Aufgaben der Regierungszentrale im Zuge der europäischen Integration und der (damaligen) Europäischen Gemeinschaft erklären. Der Gestaltungsanspruch der Bundeskanzlerin auf europäischer Ebene wird demnach auch über die Schaffung und v.a. Veränderung der korrespondierenden Ressourcen in diesen Politikbereichen durchgesetzt. Die Änderungen in den Portfolios Justiz und Inneres der letzten Jahre wiederum lassen sich auf die höhere Salienz dieser Politikfelder, aber auch die zunehmende internationale Zusammenarbeit zurückführen.

6.4 Zwischenfazit

Die Analyse der besonderen Relevanz der Politikfelder für die formale Binnenorganisation der Bundesministerien zeigt auf, dass politikfeldspezifische Dynamiken auch auf deren strukturelle Stabilität bzw. strukturellen Wandel einwirken. Zusammengefasst lassen sich zwei Gruppen von Ressorts ausmachen, die als eher volatil bzw. eher stabil einzuordnen sind. Dabei gilt es zwei Dynamiken im Blick zu behalten: Einerseits sind diese Strukturveränderungen auch immer hinsichtlich des jeweiligen Strukturereignisses zu betrachten und insbesondere mit den damit einhergehenden Änderungen an formalen Ressourcen und Kompetenzen, Zuständigkeiten, Aufmerksamkeiten und fachlicher Expertise. Demnach wird die höhere Volatilität einiger Bundesministerien stärker durch Namensänderungen und damit durch jene strukturelle Anpassungen hervorgerufen, die kaum Auswirkungen auf die formale Zuständigkeitsverteilung in und zwischen den Ressorts haben (siehe auch Kap. 5.5). Mit anderen Worten: Ressorts mit höherer struktureller Volatilität und häufigeren Veränderungen werden nicht zwangsläufig in regelmäßigen Abständen in ihren formalen Zuständigkeiten und Kompetenzen neu strukturiert, sondern vielmehr in der offiziellen Denominationen ihrer Organisationseinheiten, die entsprechend eher symbolische Anpassungen für die exekutive Koordination von Regierungspolitiken zeitigen können (siehe Kap. 2.2). Andererseits sind insbesondere die "klassischen" Ressorts mit hoher Kontinuität im Ressortzuschnitt (wozu alle Ressorts mit Verfassungsrang zählen, aber auch das Auswärtige Amt und das Bundesinnenministerium) stabiler als die Ressorts in anderen Portfolios. Diese Stabilität kann mit den zentralen Aufgaben dieser Ressorts begründet werden. Eine solche funktionale Erklärung würde darauf verweisen, dass die eher horizontale Ausrichtung dieser Ressorts und ihr Fokus auf die anderen (eher vertikal und sektoral ausgerichteten) Ressorts eine entsprechende Stabilität benötigen, um das Organisationsgedächtnis zu erhalten und gleichzeitig den Überblick und die strukturelle Gravitas für die eigene zentrale Bedeutung in der Regierungsorganisation zu erhalten.

Daneben zeigen diese allgemeinen Muster und Verortungen der Ressorts in volatilere und stabilere Portfolios, dass es Pfadabhängigkeiten für die einzelnen Portfolios gibt, die im deutschen Fall sicherlich durch die vergleichsweise geringe Dynamik im Ressortzuschnitt weiter manifestiert werden. Mit anderen Worten: Gerade weil in der Bundesrepublik im Zeitverlauf dieser Untersuchung der Zuschnitt der Bundesministerien immer seltener verändert wird (und wenn, dann sind diese Umressortierungen selten von radikaler Natur), können sich bestimmte portfoliospezifische Pfadabhängigkeiten herausbilden, die nur schwer verlassen werden können (vgl. Kap. 2.2). Selbst externe "Schocks" wie etwa die deutsche Wiedervereinigung oder der BSE-Skandal oder die terroristischen Anschläge von 9-11 haben innerhalb der Bundesministerien – im Gegensatz zu anderen Regierungsorganisationen in Europa – zu keinen umfassenden Strukturveränderungen geführt. Einzig die Tschernobylkatastrophe ließe sich als ein Beispiel heranziehen, in dem direkt ein neues Bundesministerium gegründet wurde und de facto bereits bestehende Zuständigkeiten aus anderen Ressorts neu organisiert wurden. Demnach werden externe Dynamiken und "Schocks" in Politikfeldern in der deutschen Bundesverwaltung offenbar weitgehend mit existierenden Organisationsstrukturen verarbeitet, auch wenn sich für Krisensituationen einzelne, insbesondere temporäre strukturelle Einheiten identifizieren lassen, die zu deren Bearbeitung beitragen sollen.

Die Binnenorganisation des Bundeskanzleramts folgt diesen allgemeinen Mustern der Organisationsstrukturen in den Bundesministerien in dreierlei Weise: Zum Ersten lässt sich auch für die Regierungszentrale eine hohe Kontinuität feststellen und es werden eher selten größere Veränderungen im allgemeinen Aufbau vorgenommen. Dabei ist für das Bundeskanzleramt die interne Ausdifferenzierung geringer ausgeprägt als für die Bundesministerien. Zum Zweiten vollziehen sich Änderungen in der formalen Aufbauorganisation des Bundeskanzleramts eher unregelmäßig und somit ist die Spannweite der Veränderungsraten innerhalb dieser Organisation ähnlich wie in vielen Bundesministerien, in denen sich Jahre mit höherer Veränderungsintensität ablösen mit Jahren mit geringer bis keiner Veränderungsintensität. Zum Dritten spiegelt das Bundeskanzleramt zwar die Bundesministerien und passt sich somit auch veränderten Strukturen in den Bundesministerien an. Da aber der Ressortzuschnitt allgemein eher stabil bleibt, bleiben auch diese Anpassungen gering. Dementsprechend lassen sich die beobachtbaren Strukturveränderungen im Bundeskanzleramt stärker auch mit der Agenda der jeweiligen Bundeskanzlerin bzw. Bundesregierung sowie mit eher allgemeinen Prioritäten einer jeden Amtsinhaberin erklären.

7. Fazit

Formale Strukturen sind ein zentrales Wesensmerkmal bürokratischer Organisationen (Weber 1922). Dabei geht es um zweierlei: Zum einen werden durch formale Strukturen Zuständigkeiten und Autorität geregelt. Die formale hierarchische Position spiegelt also Autorität in Entscheidungsprozessen wider. Ferner erlaubt es die formale Aufbauorganisation im Zusammenspiel mit den Prinzipien der Aktenmäßigkeit und Schriftlichkeit für exekutive Entscheidungsprozesse nachzuvollziehen, welche Einheit welchen Beitrag zu einer Entscheidung geliefert hat. Zum anderen teilen formale Strukturen Ressourcen und Expertise ein: Die Organisationsstruktur bietet Gelegenheit zur Spezialisierung, zum Aufbau von Sachverstand und Aushandlungskapazitäten. Gleichzeitig stärkt formale Expertise die Erwartungssicherheit der Akteure innerhalb von Regierungsorganisationen aber auch von externen Akteuren und erlaubt somit eine Zuordnung der Ansprechpartnerinnen.

Die vorliegende Studie legt die erste umfassende Organisationsstrukturanalyse der Bundesverwaltung vor, um die Stabilität und den Wandel in diesen formalen Strukturen der Bundesministerien zu analysieren und die Befunde aus Sicht zwei zentraler wissenschaftlicher Perspektiven zu erklären. Dabei handelt es sich zum einen um die Bedeutung (partei-)politischer Motive und Interessen (im Sinne der *Theorie der strukturellen Wahl* und der *Agendatheorie*) und zum anderen um die Relevanz organisationstheoretischer Argumente (insbesondere Pfadabhängigkeit, institutioneller Isomorphismus und *bureau-shaping*).

Die empirischen Analysen haben gezeigt, dass das **Grundgerüst der Bundesministerien vergleichsweise stabil** geblieben ist, d.h. die Anzahl an Abteilungen, Unterabteilungen und Leitungseinheiten haben sich nur geringfügig verändert, wenngleich sich v.a. für die Unterabteilungen gewisse Ab- und Zunahmetendenzen feststellen lassen. **Stärkere Veränderungen treten für den Anteil der Organisationseinheiten** auf, die jenseits dieses Grundgerüstes existieren. Die Identifikation dieser Einheiten auf Basis ihrer formalen Hierarchieebene sowie ihres Mandats bei Errichtung (permanent versus temporär) ergibt sieben solcher Typen von Organisationseinheiten. Hierzu zählen mit stärker wachsendem Anteil an der Gesamtpopulation die Stäbe, Ressortbeauftragte und Beauftragte/Koordinatoren Bund sowie Projektgruppen. Mit geringerer Zunahme ihres Anteils sind dies zudem Arbeitsgruppen, Gruppen, und Stellen.[19]

19 Weitergehende Analysen im Rahmen des SOG-PRO Projekts zeigen unter Einbeziehung unterschiedlicher Dimensionen wie der Hierarchieebene oder deren Arbeitskapazität (als Anzahl von untergeordneten Einheiten) eine noch größere binnenorganisatorische Diversität (siehe Bertels/Schulze-Gabrechten 2018).

Zunächst lässt sich diese Verbreitung von weiteren Organisationseinheiten jenseits des Grundgerüsts als **zwanghafter Isomorphismus** auffassen: Die GGO formuliert diverse Anforderungen an das Grundgerüst, die die Ausbreitung weiterer Typen von Organisationseinheiten bzw. die unkodifizierte Ausformung der Regierungsorganisation jenseits des Grundgerüsts prägen. Mit anderen Worten: Wenn laut GGO die Errichtung einer Unterabteilung eine Mindestanzahl an Referaten erfordert, dann geht damit ein Zwang für die formale Aufbauorganisation des Grundgerüsts selbst einher, es werden aber auch für die Zusammenstellung weniger Ressourcen alternative Organisationseinheiten benötigt, die sich zwangsläufig außerhalb des Grundgerüsts befinden, etwa als Arbeitsgruppe oder Projektgruppe. Daneben kann die konkrete Verbreitung der "unorthodoxen" Organisationseinheiten im Zeitverlauf als Form des **normativen Isomorphismus** aufgefasst werden: Zur binnenorganisatorischen Behandlung bestimmter Aufgaben und Themen wird eine Organisationseinheit gewählt, die sich als "beste strukturelle Lösung" etabliert hat und als solche über die Bundesministerien hinweg anerkannt wird. Sehr illustrativ ist hierfür die longitudinale Ausbreitung von Ressortbeauftragten im Anschluss an die vorherige Ausbreitung von (interministeriellen) Bundesbeauftragten/Koordinatoren Bund. Zunächst wird das Beauftragtenwesen von der Bundesregierung genutzt, wie dargestellt auch als Element politischer Verhandlungen und obschon es zeitgleich bereits Ressortbeauftragte in einzelnen Portfolios gab, etabliert sich diese Form der Organisation von Aufgaben und Expertise zunehmend als angemessen – und wird im Zeitverlauf immer häufiger in den Ressorts genutzt. Weitere strukturelle Dynamiken bezüglich der Organisationseinheiten jenseits des Grundgerüsts lassen sich mit Dynamiken des **mimetischen Isomorphismus** erklären. Dabei werden bestimmte Typen von Organisationseinheiten genutzt, weil sich Bundesministerien gegenseitig beobachten und diese strukturellen Lösungen – auch aufgrund eigener Unsicherheit – übernehmen und somit institutionalisieren. Illustrativ für diese Dynamiken ist die Ausbreitung von Projektgruppen, die sich zunächst in wenigen Portfolios und im Zeitverlauf in immer mehr Portfolios beobachten lassen.

Eine nähere Betrachtung der Veränderungsrate der Gesamtpopulation (d.h. des Grundgerüsts und der weiteren Typen von Organisationseinheiten) zeigt, dass insbesondere nach **Bundestagswahlen die größten Veränderungen in der Binnenstruktur** vollzogen werden – und zwar für alle Arten von Organisationseinheiten. Dazu passend finden die **meisten Veränderungsereignisse im ersten Jahr nach Wahlen** statt.

Diese Befunde lassen sich zunächst als klares Indiz für die **Relevanz (partei-)politischer Motive für die Stabilität und den Wandel von Bundesministerien** heranziehen. In Anwendung der *Theorie der strukturellen Wahl* stünde die Ministerialverwaltung im Fokus strategischer Entscheidungen und potentielle Interessenskonflikte im Vorfeld und Nachgang von Strukturentscheidungen würden bewusst in Kauf genommen werden. Wenn diesen Erwägungen zudem ein explizit parteipolitisches Kalkül zu Grunde läge, sollten solche Strukturentscheidungen in besonderem Maße in Phasen nach Wahlen mit (anteiligem) Regierungswechsel auftreten, weil "neue" Regierungen ein gesteigertes Interesse hätten, ihre parteipolitischen Programme in Strukturentscheidungen umzusetzen. Allerdings zeigen die empirischen Analysen dieser Studie erhöhte Veränderungsraten nach allen Bundestagswahlen und somit unabhängig davon, ob in deren Folge ein (anteiliger) Regierungswechsel stattfand oder nicht. Eine reine (partei-)politische Motivation im Sinne einer "strukturellen Wahl" kann somit nicht bestätigt werden. Zudem zeigt der zeitliche Verlauf der Veränderungsraten, dass auch die konkrete **ideologische Ausrichtung der Bundesregierung keine eindeutigen Effekte auf das Ausmaß der Veränderungen** hat. Die Annahmen aus der wissenschaftlichen Debatte um die Motive und Interessen bestimmter Parteien hinsichtlich der Rolle und Ausstattung des Staates lassen sich demnach für den deutschen Fall nicht eindeutig bestätigen. Dies mag aber auch an dem hier gewählten Ausschnitt der Regierungsorganisation liegen und es ist plausibel anzunehmen, dass sich die Annahmen zur Relevanz der ideologischen Ausrichtung von Regierungsparteien eher in anderen Arealen des "administrativen Zoos" (Bach/Jann 2010) erkennen lassen, etwa in den strukturellen Dynamiken öffentlicher Unternehmen (Fleischer 2017).

Wenngleich also die konkrete Zusammensetzung der Bundesregierung (bzw. deren Kontinuität oder Wandel im Zeitverlauf) keine eindeutigen Auswirkungen auf die Veränderungsrate hat, lassen sich dennoch aus der offensichtlichen Kongruenz zwischen "strukturellen Zyklen" und Wahlzyklen diverse (partei-)politische Motive aufzeigen. Aus Sicht der *Agendatheorie* sind die beobachteten Muster nachvollziehbar als **Ausdruck einer veränderten Policy Agenda** der Bundesregierungen – und diese Agenda wird auch dann angepasst, wenn Bundesregierungen im Amt bestätigt werden. Allerdings sind genauere Analysen der mit den Strukturereignissen einhergehenden Zuständigkeitsänderungen notwendig, um für den deutschen Fall zu überprüfen, ob sich veränderte Aufmerksamkeiten in der Policy Agenda strukturell in der Bundesverwaltung niederschlagen oder aber umgekehrt eine veränderte Aufbauorganisation und Allokation von Ressourcen eine veränderte Policy Agenda begründet.

Insbesondere für die Befunde hinsichtlich des Zeitpunkts der verschiedenen Strukturereignisse im Verlauf der Legislaturperioden können weitere (partei-)politische Motive diskutiert werden. Die komparative Betrachtung dieser Ereignisse hat erwiesen, dass Namensänderungen am häufigsten und Reorganisationen am seltensten auftreten. Namensänderungen sind vergleichsweise aufwandsarm und bieten Gelegenheiten, die Dynamiken auf der Policy Agenda in formalen Strukturen abzubilden. Andererseits können Namensänderungen aber auch als symbolischer Aktionismus bzw. zur Durchführung "narrativer Strategien" eingesetzt werden: Mit neuer Denomination werden Prioritäten (und Posterioritäten) dargestellt. Diese Signale funktionieren nicht nur innerhalb der Bundesverwaltung, die im internationalen Vergleich als besonders formal und legalistisch gilt und daher derartige Signale aufzunehmen weiß, sondern auch und insbesondere gegenüber externen Akteuren im Politikfeld. Daneben sind sie aber in einigen Fällen auch sicherlich Ausdruck einer Personalpolitik, die vor Bundestagswahlen die formalen Strukturen ändert um Stellen abzusichern – was gemeinhin als "Aktion Abendsonne" diskutiert wird.

Die weiteren empirischen Ergebnisse zur stärkeren **formalen Ausdifferenzierung der Bundesministerien im Zeitverlauf** im Zuge einer höheren Anzahl an Strukturereignissen, die neue Ressourcen schaffen im Vergleich zu Strukturereignissen, die Ressourcen verringern, lassen sich hingegen eher mit organisationstheoretischen Argumenten begründen. Diese werden auch in der vergleichenden Betrachtung der Portfolios relevant, d.h. sowohl in der allgemeinen Veränderungsrate pro Portfolio als auch in der portfoliospezifischen Betrachtung des Anteils jener Strukturereignisse, die tatsächlich Ressourcen verändern versus jener Strukturereignisse, die ausschließlich die formale Denomination der Organisationseinheiten anpassen. All diese empirischen Befunde verdeutlichen, dass sich die Bundesministerien in unterschiedlicher Weise im Zeitverlauf verändert haben und sich – trotz der oben erwähnten allgemeinen formalen Ausdifferenzierung – **zwei Gruppen von Portfolios mit unterschiedlicher longitudinaler Binnendifferenzierung** unterscheiden lassen:

- In der ersten Gruppe befinden sich volatile Portfolios mit Ressorts, die sich regelmäßig verändern und hierbei beide Arten von Veränderungen (mit Ressourcenimplikationen und reine Namensänderungen) erfahren. Zu diesen Portfolios zählen sektorale bzw. vertikale Ressorts, die intensive Kontakte in ihr Politikfeld pflegen, wie etwa Arbeit und Soziales, Entwicklungszusammenarbeit, Familie, Gesundheit und Wirtschaft. Ebenso zählen dazu Portfolios mit höheren Veränderungsraten, die sich eher aus regelmäßigen Namensänderungen als aus Veränderungen mit Ressourcenimplikationen ergeben. Zu diesen ebenfalls sektoralen bzw. vertikalen Ressorts gehören Landwirtschaft, Umwelt, und Bildung und Forschung.
- In der zweiten Gruppe befinden sich die stabileren Portfolios, die geringe Veränderungsraten haben, welche wiederum darauf zurückzuführen sind, dass sie (wenn überhaupt) mehr Ereignisse mit Ressourcenimplikationen als Namensänderungen erfahren. Zu diesen horizontal orientierten Portfolios zählen die "klassischen" Portfolios Auswärtiges Amt, Finanzen, Inneres, Justiz, Wirtschaft und Verteidigung.

Diese allgemeine Zuordnung verdeutlicht bereits die **Relevanz der Politikfelder** in jedweder Betrachtung von Stabilität und Wandel der Bundesministerien. Einerseits können solche sektoralen Dynamiken auf die Bedeutung bestimmter politischer Themen auf der Policy Agenda einzelner Bundesministerinnen bzw. des gesamten Bundeskabinetts hindeuten. Aber auch hier wäre eine genauere Analyse dieser Policy Agenda vonnöten. Bereits eine einfache Annäherung verdeutlicht die Probleme einer kausalen Einschätzung, mithin die Beantwortung der Frage, ob sich zuerst die Aufmerksamkeit von Bundesregierungen für bestimmte sektorale Politiken verändert und anschließend die formalen Strukturen angepasst werden oder umgekehrt. Im Zeitverlauf sind die Portfolios auf Bundesebene unterschiedlich stark in die Gesetzgebung eingebunden, d.h. ihr Anteil an den Gesetzesvorlagen der Bundesregierung, die als deren Policy Agenda in den Bundestag eingebracht werden, schwankt. Es lassen sich aber Muster erkennen, so gehören die Portfolios für Finanzen, Justiz, Verkehr und Wirtschaft zu den aktivsten und die Portfolios für Entwicklungszusammenarbeit, Bildung und Forschung und Familie zu den inaktivsten Portfolios im Untersuchungszeitraum. Gerade die inaktivsten Portfolios mit Blick auf Gesetzesvorlagen der Bundesregierung sind aber eben jene Portfolios, die sich in dieser Organisationsstrukturanalyse als besonders volatil und veränderungsintensiv erwiesen haben. Womöglich sind diese ersten Überlegungen zur Relevanz der sektoralen Policy Agenda auch abhängig von deren Definition und Messung. Weiterführende Analysen, etwa zur medialen Berichterstattung dieser Policy Agenda oder aber zu deren Ausdruck im sekundären Recht (in den Verordnungen), dürften genauere Ergebnisse liefern. Für diese Studie aber zeigt diese erste knappe Annäherung, dass die hier beobachteten portfoliospezifischen Dynamiken sich nicht direkt mit den Gesetzesaktivitäten der Ressorts in Übereinstimmung bringen lassen. Mit anderen Worten: Die sektoralen Dynamiken in der Binnenorganisation der Bundesministerien lassen sich nicht mit Argumenten der *Agendatheorie* begründen (wohlgemerkt mit der Einschränkung, dass in dieser Studie keine genaue Messung der Policy Agenda vorgenommen wurde).

Die **organisationstheoretischen Argumente** hingegen bieten Erklärungen für diese Befunde zur Relevanz der Portfolios für die Stabilität und den Wandel in Bundesministerien. Erstens zeigen die Muster in den Veränderungsraten pro Portfolio und in der Verteilung der Typen von Strukturereignissen, dass die Binnenstrukturen der Ressorts in den einzelnen Portfolios im Zeitverlauf **sektorale Pfadabhängigkeiten** folgen. Anders ausgedrückt: Die eindeutige Zuordnung der Portfolios zu den idealtypisch unterschiedenen Gruppen wird auch dadurch ermöglicht, dass sich die Portfolios im Zeitverlauf in derselben Weise strukturell weiterentwickeln. Auch die weiteren Befunde zu den strukturellen Dynamiken in Folge der deutschen Wiedervereinigung (insbesondere hinsichtlich des Dienstsitzes) bestätigen sektorale Strukturpfade. Zweitens lässt sich aber auch ein gewisser **symbolischer Aktionismus** identifizieren, für den in bestimmten Portfolios mehr Bedarf bestehen dürfte als in anderen. Insbesondere in den sektoralen bzw. vertikalen Portfolios mit Ressorts, die eine enge Verbindung zu weiteren Akteuren in ihrem jeweiligen Politikfeld halten (müssen), lassen sich einige der internen Namensänderungen sicherlich auf Impulse aus dieser externen Umwelt zurückzuführen. Dabei geht es nicht nur darum, bestimmte Themen und formale Zuständigkeiten an den aktuellen Diskurs und ggfs. Sprachgebrauch anzupassen, sondern auch darum, Kompetenzen und Aufgaben "umzudeuten" und mithilfe dieser neuen Denominationen auch eine neue inhaltliche Ausrichtung der dazugehörigen Organisationseinheiten zu signalisieren. Drittens lassen sich zwischen den Portfolios auch isomorphe Dynamiken feststellen, insbesondere mit Blick auf die beste strukturelle Lösung, die nachgeahmt wird (mimetischer Institutionalismus), aber auch der Verbreitung einer anerkannten strukturellen Lösung, die sich als angemessen etabliert (normativer Isomorphismus).

Zusammenfassend lässt sich das strukturelle Profil der Bundesministerien überzeugend mit organisationstheoretischen Argumenten begründen, nicht nur mit Blick auf die Veränderung dieser Binnenorganisation hin zu mehr Ausdifferenzierung, sondern auch hinsichtlich der Verbreitung der Typen von Organisationseinheiten im Zeitverlauf. Die Änderungsrate bzw. strukturelle Volatilität in den Bundesministerien wiederum kann mit (partei-)politischen aber auch mit sektoralen bzw. politikfeldspezifischen Argumenten erläutert werden. Daneben gibt es zentrale kontingente Rahmenbedingungen für strukturelle Entscheidungen in der Bundesverwaltung, etwa die Verzahnung zwischen formaler Aufbauorganisation und personal- bzw. dienstrechtlichen Bestimmungen oder der strukturelle Umgang mit zwei Dienstsitzen.

Die vorliegende erste Organisationsstrukturanalyse der Bundesverwaltung verdeutlicht in anschaulicher Weise, inwieweit bürokratische Organisationen ihrer (politischen) Umwelt strukturell begegnen bzw. wie sie auf externe, (partei-)politische und organisationale Dynamiken strukturell reagieren. Sie zeigt aber auch, dass politische und bürokratische Akteure sich ihrer "strukturellen Verantwortung" bewusst sein sollten, denn die Stabilität und der Wandel der formalen Aufbauorganisation drückt nicht nur die Allokation von formalen Kompetenzen und Ressourcen sowie von fachlicher Expertise aus. Das strukturelle Profil einer Bundesverwaltung gibt ebenso entscheidende Signale an die Akteure innerhalb und außerhalb der Regierungsorganisation und jedwede strukturelle Entscheidung beeinflusst Koordinations- und Aushandlungsprozesse – und damit die Qualität exekutiver Entscheidungsfindung und des Regierens.

Literaturverzeichnis

Bach, Tobias (2014): Autonomie und Steuerung verselbständigter Behörden. Eine empirische Analyse am Beispiel Deutschlands und Norwegens. Wiesbaden: Springer VS.

Bach, Tobias/Fleischer, Julia/Hustedt, Thurid (2010): Organisation und Steuerung zentralstaatlicher Behörden. Agenturen im westeuropäischen Vergleich. Berlin: Edition Sigma.

Bach, Tobias/Jann, Werner (2010): Animals in the Administrative Zoo: Organizational Change and Agency Autonomy in Germany. *International Review of Administrative Sciences*, 76(3), 443-468.

Bach, Tobias/Veit, Sylvia (2017): The Determinants of Promotion to High Public Office in Germany. Partisan Loyalty, Political Craft, or Managerial Competencies? *Journal of Public Administration Research and Theory*, 28(2), 254-269.

Baumgartner, Frank R./Jones, Bryan D. (2005): The Politics of Attention. How Government Prioritizes Problems. Chicago: University Chicago Press.

Baumgartner, Frank R./Jones, Bryan D. (2015): The Politics of Information. Problem Definition and the Course of Public Policy in America. Chicago: Chicago University Press.

Berlin-Bonn-Gesetz (1994): Gesetz zur Umsetzung des Beschlusses des Deutschen Bundestages vom 20. Juni 1991 zur Vollendung der Einheit Deutschlands. Bundesgesetzblatt I. S. 918.

Bertels, Jana/Schulze-Gabrechten, Lena (2018): Diverse, Ambiguous and Unorthodox? Exploring the Internal Structural Organization of German Federal Bureaucracy. 68th PSA Annual International Conference, Cardiff.

BKOrgErl (1986): Organisationserlaß des Bundeskanzlers vom 5. Juni 1986. Bundesgesetzblatt I. S. 864.

BKOrgErl (1991): Organisationserlaß des Bundeskanzlers vom 18. Januar 1991. Bundesgesetzblatt I. S. 157.

BKOrgErl (1991-01): Organisationserlaß des Bundeskanzlers vom 23. Januar 1991. Bundesgesetzblatt I. S. 530.

BKOrgErl (1994): Organisationserlaß des Bundeskanzlers vom 17. November 1994. Bundesgesetzblatt I. S. 3667.

BKOrgErl (1998): Bekanntmachung des Organisationserlasses des Bundeskanzlers vom 27. Oktober 1998. Bundesgesetzblatt I. S. 3288.

BKOrgErl (2001): Organisationserlass des Bundeskanzlers vom 22. Januar 2001. Bundesgesetzblatt I. S. 127.

BKOrgErl (2005): Organisationserlass der Bundeskanzlerin vom 22. November 2005. Bundesgesetzblatt I. S. 3197.

BKOrgErl (2013): Organisationserlass der Bundeskanzlerin vom 17. Dezember 2013. Bundesgesetzblatt I. S. 4310.

Böckenförde, Klaus (1964): Die Organisationsgewalt im Bereich der Regierung. Eine Untersuchung zum Staatsrecht der Bundesrepublik Deutschland. In: Schriften zum öffentlichen Recht. Band 18. Berlin: Duncker & Humblot.

Bogumil, Jörg/Jann, Werner (2009): Verwaltung und Verwaltungswissenschaft in Deutschland. Einführung in die Verwaltungswissenschaft. Wiesbaden: VS Verlag.

Brunsson, Nils (1989): The Organization of Hypocrisy. Talk, Decisions and Actions in Organizations. Hoboken: John Wiley & Sons.

BT-Drucksache 12/815 (1991): Drucksache des Deutschen Bundestages 12/815 vom 19.6.1991: Antrag Vollendung der Einheit Deutschlands. Deutscher Bundestag. 12. Wahlperiode.

Bundesministerium des Innern (1958): Gemeinsame Geschäftsordnung der Bundesministerien. Allgemeiner Teil (GGO I). Bonn.

Bundesministerium des Innern (2011): Gemeinsame Geschäftsordnung der Bundesministerien (Stand: September 2011).

Bundesministerium des Innern/Bundesverwaltungsamt (2018): Handbuch für Organisationsuntersuchungen und Personalbedarfsermittlung. Berlin: Bundesministerium des Innern.

Carroll, Brendan J./Bertels, Jana/Froio, Caterina/Kuipers, Sanneke/Schulze-Gabrechten, Lena/Viallet-Thévenin, Scott (2018): Organizational Change in Central State Bureaucracies. A Framework for Cross-National Comparison. *mimeo*.

Derlien, Hans-Ulrich (1996): Zur Logik und Politik des Ressortzuschnitts. *Verwaltungsarchiv*, 87, 548-580.

Derlien, Hans-Ulrich (2001): Personalpolitik nach Regierungswechseln. In: Derlien, Hans-Ulrich/ Murswick, Axel (Hrsg.): Regieren nach Wahlen. Opladen: Westdeutscher Verlag, 39-57.

Derlien, Hans-Ulrich/Murswieck, Axel (2001): Regieren nach Wahlen. Phasen, Konstellationen und Dimensionen der Transition. In: Derlien, Hans-Ulrich/Murswick, Axel (Hrsg.): Regieren nach Wahlen. Opladen: Westdeutscher Verlag, 7-14.

DiMaggio, Paul J./Powell, Walter W. (1983): The Iron Cage Revisited. Institutional Isomorphism and Collective Rationality in Organizational Fields. *American Sociological Review*, 48(2), 147-160.

Döhler, Marian (2012): Gesetzgebung auf Honorarbasis. Politik, Ministerialverwaltung und das Problem externer Beteiligung an Rechtsetzungsprozessen. *Politische Vierteljahresschrift*, 53, 181-210.

Dunleavy, Patrick (1989): The Architecture of the British Central State. Part I: Framework for Analysis. *Public Administration*, 67, 249-275.

Eckardt, Jakob (2018): Die Organisation der Klima- und Umweltpolitik in deutschen Bundesministerien: Strukturelle Veränderungen von 1986 bis 2015, Bachelorarbeit, Universität Potsdam.

Fleischer, Julia (2011): Steering From the German Centre: More Policy Coordination and Less Policy Initiatives. In: Dahlström, Carl/Peters, B. Guy/Pierre, Jon (eds.): Steering From the Centre: Strengthening Political Control in Western Democracies, Toronto: Toronto University Press, 54-79.

Fleischer, Julia (2012): Policy Advice and Institutional Politics. A Comparative Analysis of Britain and Germany. Potsdam: Universitätsverlag.

Fleischer, Julia (2016): Patronage versus Political Control. Predictors of Bureaucratic Tenure in Germany. *Acta Politica*. 51(4), 433-450.

Fleischer, Julia (2017): Organising State Activities and its Effects on Governance Capacity. mimeo.

Fleischer, Julia (2018): Political Executives and Agency Structure, 76th MPSA Annual Conference, Chicago.

Fleischer, Julia/Seyfried, Markus (2015): Drawing From the Bargaining Pool. Determinants of Ministerial Selection in Germany. *Party Politics*. 21(4), 503-514.

Frankfurter Allgemeine Sonntagszeitung (FAS) [Pergande, Frank] (2018): Bunte Beauftragte, 10.6.2018, Nr. 23, S. 7.

Fuchs, Michael (1985): Beauftragte in der öffentlichen Verwaltung. Berlin: Dunker & Humboldt.

Götz, Alexander/Grotz, Florian/Weber, Till (2015): Party Government and Administrative Reform. Evidence From the German Lander. *Administration/Society*, 50(6), 778-811.

Gulick, Luther (1937): Notes on the Theory of Organization. Papers on the Science of Organization. In: Gulick, L./Urwick, L. (Hrsg.): Papers on the Science of Administration. New York: Institute of Public Administration Columbia University.

Hoffmann, Heinz (2003): Die Bundesministerien 1949 – 1999. Bezeichnungen, amtliche Abkürzungen, Zuständigkeiten, Aufbauorganisation, Leitungspersonen. Koblenz: Bundesarchiv.

Hood, Christopher/Huby, Meg/Dunsire, Andrew (1985): Scale Economics and Iron Laws. Mergers and Demergers in Whitehall 1971-1984. *Public Administration*, 63(2), 61-78.

Hustedt, Thurid (2013): Ministerialverwaltung im Wandel. Struktur und Rolle der Leitungsbereiche im deutsch-dänischen Vergleich. Baden-Baden: Nomos Verlag.

Jann, Werner (1997): Regierungsumzug als Chance zur Verwaltungsreform. In: König, Klaus (Hrsg.): Ministerialorganisation zwischen Berlin und Bonn. Speyer: Deutsches Forschungsinstitut für öffentliche Verwaltung, 28-44.

Jann, Werner/Wewer, Göttrick (1998): Helmut Kohl und der "schlanke Staat". Eine verwaltungspolitische Bilanz. In: Wewer, Göttrick (Hrsg.): Bilanz der Ära Kohl. Christlich-liberale Politik in Deutschland 1982-1998. Wiesbaden: Leske und Budrich, 229-266.

Kam, Christopher/Indridason, Indridi H. (2005): The Timing of Cabinet Reshuffles in Five Westminster Parliamentary Systems. *Legislative Studies Quarterly*, 30(3), 327-363.

Kempf, Udo (2014): Die Regierungsmitglieder der Bundesregierungen von 2005 bis 2013. Sozialstruktur und Karriereverläufe. In: Kempf, Udo/Merz, Hans-Georg/Gloe, Markus (Hrsg.): Kanzler und Minister 2005-2013. Wiesbaden: Springer VS, 9-29.

Knoll, Thomas (2004): Das Bonner Bundeskanzleramt: Organisation und Funktionen von 1949-1999, Wiesbaden: VS Verlag.

König, Klaus (1997): Ministerialorganisation zwischen Berlin und Bonn. Speyer: Speyerer Forschungsberichte Nr. 173.

König, Klaus (2015): Operative Regierung. Tübingen: Mohr Siebeck.

Kuipers, Sanneke/Yesilkagit, Kutsal/Carroll, Brendan (2017): Coming to Terms with Termination of Public Organizations. *Public Organizational Review*, 18(2), 263-278.

Lane, Jan-Erik (2009): State Management. An Enquiry into Models of Public Administration & Management. London: Routledge.

Lehnguth, Gerold/Vogelsang, Klaus (1988): Die Organisationserlasse der Bundeskanzler seit Bestehen der Bundesrepublik Deutschland im Lichte der politischen Entwicklung. *Archiv des öffentlichen Rechts*, 113(4), 531-582.

Lewis, David E. (2002): The Politics of Agency Termination. Confronting the Myth of Agency Mortality. *Journal of Politics*, 64(1), 89-107.

Lewis, David E. (2003): Presidents and the Politics of Agency Design. Stanford: Stanford University Press.

Linhart, Eric/Windwehr, Jana (2012): Die Bedeutung bestimmter Ministerien, Geschäftsbereiche und Politikfelder für die Parteien in den deutschen Bundesländern. *Zeitschrift für Parlamentsfragen*, 43(3), 579-597.

MacCarthaigh, Murius/Roness, Paul G./Sarapuu, Külli (2012): Mapping Public Sector Organizations: An Agenda for Future Research. *International Journal of Public Administration*, 35(12), 844-851.

MacCarthaigh, Murius/Roness, Paul G. (2012): Analyzing Longitudinal Continuity and Change in Public Sector Organizations. *International Journal of Public Administration*, 35(12), 773-782.

Mayntz, Renate/Scharpf, Fritz W. (1975): Policy-making in the German Federal Bureaucracy. New York: Elsevier.

Moe, Terry (1989): The Politics of Bureaucratic Structure. In: Chubb, John E./Peterson, Paul E. (Hrsg.): Can the Government Govern? Washington D.C.: The Brookings Institution, 267-329.

Moe, Terry (2012): Delegation, Control, and the Study of Public Bureaucracy. *The Forum*, 10(2), Article 4.

Mortensen, Peter Bjerre/Green-Pedersen, Christoffer (2016): Institutional Effects of Changes in Political Attention. Explaining Organizational Changes in the Top Bureaucracy. *Journal of Public Administration Research and Theory*, 25(1), 165-189.

Müller-Rommel, Ferdinand (1994): The Role of German Ministers in Cabinet Decision Making. In: Laver, Michael/Shepsle, Kenneth A. (Hrsg.): Cabinet Ministers and Parliamentary Democracies, Cambridge: Cambridge University Press, 150-168.

Nethercote, John (2000): Departmental Machinery of Government Since 1987. *Australian Journal of Public Administration*, 59(3), 94-110.

Olivet, Peter (1979): Die Organisation der Organisation der öffentlichen Verwaltung in der Bundesrepublik Deutschland. Aufbau und Arbeitsweise der zentralen Organisationsstellen in der öffentlichen Verwaltung der Bundesrepublik Deutschland. Berlin: Duncker & Humblot.

Olsen, Johan P./March, James G. (1995): Democratic Governance. New York: The Free Press.

Otremba, Walther (1999): Der Personalaustausch bei den politischen Beamten nach dem Regierungswechsel im Oktober 1998-eine Analyse. *Der Öffentliche Dienst*, 52, 265-290.

Peters, B. Guy (2001): The Politics of Bureaucracy. New York: Routledge.

Rolland, Vidar W./Roness, Paul G. (2011): Mapping Organizational Change in the State. Challenges and Classifications. *International Journal of Public Administration*, 34(6), 399-409.

Rolland, Vidar W./Roness, Paul G. (2012): Foundings and Terminations. Organizational Change in the Norwegian State Administration 1947–2011. *International Journal of Public Administration*, 35(12), 783-794.

Rudzio, Wolfgang (2014): Das politische System der Bundesrepublik Deutschland. Wiesbaden: Springer VS.

Savoie, Donald J. (1994): Thatcher, Reagan and Mulroney. In Search of a New Bureaucracy. Pittsburgh: University of Pittsburgh Press.

Schröter, Eckhard (2007): Reforming the Machinery of Government. The Case of the German Federal Bureaucracy. In: Koch, Rainer (Hrsg.): Public Governance and Leadership. Wiesbaden: VS Verlag, 251-273.

Scott, W. Richard/Davis, Gerald F. (2016): Organizations and Organizing. Rational, Natural and Open Systems Perspectives. London: Routledge.

Simon, Herbert A. (1946): The Proverbs of Administration. *Public Administration Review*, 6(1), 53-67.

Stüwe, Klaus (2003): Die großen Regierungserklärungen der deutschen Bundeskanzler von Adenauer bis Schröder. Wiesbaden: Leske und Budrich.

Waldo, Dwight (1948): The Administration State. A Study of the Political Theory of American Public Administration. New York: Ronald Press.

Weber, Max (1922): Wirtschaft und Gesellschaft. Tübingen: Mohr.

Westkamp, Klaus (1997): Das Kombinationsmodell als Kompromiss. In: König, Klaus (Hrsg.): Ministerialorganisation zwischen Berlin und Bonn. Speyer: Speyerer Forschungsberichte Nr. 173.

Wettenhall, Roger (1976a): Modes of Ministerialization I. Towards a Typology. The Australian Experience. *Public Administration*, 54(1), 1-20.

Wettenhall, Roger (1976b): Modes of Ministerialization II. From Colony to State in the Twentieth Century. *Public Administration*, 54(4), 425-251.

Wynen, Jan/Verhoest, Koen/Kleizen, Bjorn (2016): More Reforms, Less Innovation? The Impact of Structural Reform Histories on Innovation-oriented Cultures in Public Organizations. *Public Management Review*, 19(8), 1142-1164.

Zeitfracht Medien GmbH
Ferdinand-Jühlke-Straße 7
99095 Erfurt, Deutschland
produktsicherheit@kolibri360.de